親鸞の念仏三昧論

武田龍精 著

永田文昌堂

目次

第二章　教行証文類における念仏三昧に関わる他の重要諸文 …… 127

第三章　源信の念仏三昧論

親鸞の念仏三昧論

序　論

親鸞聖人の教行証文類（以下、本典）第二巻行文類大行釈[1]に、道綽禅師の安楽集巻上　第一大門宗旨不同の文[2]が引かれるが、そのなかでさらに観仏三昧経が引用されている。そこには、釈尊が父の浄飯王に念仏三昧を行ずるようにすすめたことにたいして、ふたりのあいだでつぎのような対話がなされている。

浄飯王は、

仏地の果徳、真如実相、第一義空、何によりてか弟子をしてこれを行ぜしめざる。[3]

と、勧めにたいする不満をもらす。

仏地の果徳という境位は、真如実相第一義空であるにもかかわらず、いったいなぜ弟子をして、念仏三昧よりも第一義空に諦達できるようなもっと深遠な行道を単刀直入に勧めないのであるか、というのである。

浄飯王の不満の背後には、念仏三昧などのごとき容易な修行では第一義空なる仏地の果徳を得ることはできない、なぜもっと高度な修行を勧めてはくれないのか、修行について勝劣の価値評価が暗示されている。

それゆえに釈尊は浄飯王にその理由を述べて、

諸仏の果徳、無量深妙の境界、神通解脱まします。これ凡夫の所行の境界にあらざるがゆゑに、父の王を勧めて念仏三昧を行ぜしめたてまつる。(4)


という。

真如実相第一義空はまさしく諸仏の果徳であって無量深妙の境界であり、神通解脱の世界である。到底凡夫所行の境界ではない。そこで凡夫存在の浄飯王にはその機根に相応する行である念仏三昧を勧めたのだというのが釈尊の意図である。

この段階でいえることは、たとえ念仏三昧が凡夫所行の行であろうとも、上述のごとき反問した父王の浄飯王の実践可能な所行として、釈尊ご自身が念仏三昧を勧めたことに含まれなければならない重要な意義は、念仏三昧によって浄飯王の得られる果徳が、真如実相第一義空という仏地の果徳にも、究竟的に匹敵する凡夫行であるということである。

そこで凡夫でも実践できる念仏三昧にはいかなる利益がもたらされるのであろうか。もしよく「菩提心のなかに念仏三昧」を行ずるならば、

一切の悪神、一切の諸障、この人を見ず。もろもろの処処に随ひてよく遮障することなきなり。(5)


という。

念仏三昧の利益は、身体を隠し他人には見えないようにする「翳身薬《えいしんやく》」に譬えられる。何故ならば、

よくこの念仏三昧を念ずるは、すなはちこれ一切三昧のなかの王なるがゆゑなり。(6)


と念仏三昧を三昧中の最高位に位置づけている。

「一切三昧のなかの王」であるというのは、念仏三昧を念ずればその他のすべての三昧が成就されるにも等しいことを示唆しているであろう。念仏三昧が翳身薬に譬えられ三昧中の王とも讃えられたことは一体何を意味しているのであろうか。

いかなる場所と時間におかれようとも、あらゆる悪神・諸障によって全くさえぎられず障害

が一切皆無であり、さらにすべての三昧が念仏三昧において根元的に成就するという境位に念仏三昧を実践する行者が導き入れられるような宗教経験は、まさしく真如実相第一義空へと究竟的必然的に至らしめられる大乗菩薩道の真実なる行者が、たとえ凡夫であろうとも、現実に体験する宗教経験内容であるといわなければならない。

それは念仏三昧という実践行のうちに本来的にそなわっている根本契機であり、念仏三昧の行者がかかる根本契機によって究竟的必然的に仏果に至らしめられる境位である。そのような境位こそ実は正定聚位と呼ばれる位相であろう。

註

（1）行文類大行釈、引文（註釈版 no. 20　一五九―一六〇頁、一六二頁）。
（2）安楽集巻上、第一大門、宗旨不同（七祖註釈版 no. 6　一八九頁）。
（3）行文類大行釈、引文（注釈版 no. 20　一五九―一六〇頁）。
（4）安楽集巻上、第一大門、宗旨不同（七祖註釈版 no. 6　一八九頁）。
（5）同（七祖註釈版 no. 6　一九一頁）。
（6）同右。

第一章　念仏三昧は、これ真の無上深妙の門なり

行文類大行釈、六字釈直後[1]に唐代法照の浄土五会念仏略法事儀讃[2]が引用される。引文最初に、次のごとくいう。

それ如来、教を設けたまふに、広略、根に随ふ。つひに実相に帰せしめんとなり。真の無生を得んものには、たれかよくこれを与へんや[3]。

これは如来による説法が、詳細に説かれるか（広）、簡略に説かれるか（略）、まさしく聞法する者の素質能力に順応してなされるという対機説法であることを明確に提示するものである。しかし広略機根の差別に即応して説かれる如来説法の根本意図は、広略ともに畢竟じて、いかなる素質能力に優劣があろうとも、一切の衆生を平等に実相に帰せしめんとすることである。ここにいう実相とは前項で釈尊の父王浄飯王が反問したなかで言及したところの真如実相第

一義空にほかならない。そこで「真の無生を得んものには、たれかよくこれを与へんや」という。

真実究竟なる無生である真如実相第一義空を覚った者に対しては、一体誰が、広略随根して説かれなければならないような教法を施与する必要があろうか。

しかるに今釈尊によって浄飯王に勧められる念仏三昧なる教法は、広略随根して説かれる機根差別に呼応するごとき相対的で個別的な教法ではなく、「真の無上深妙の門」と呼ばれるべき、最も根源的な境位にあって、個としての教法すべてに通底し個別の教法をして真に個別の教法ならしめるような絶対普遍の仏法であると法照は暗示しているごとくに思われる。「真の無上深妙の門」という表現にはかかる絶対普遍性の深義が示唆されているといえないであろうか。

そのような念仏三昧の法門を具体的に述べて、

弥陀法王四十八願の名号をもつて、焉《ここ》に仏、願力を事として衆生を度したまふ。(4)

という。

ここからは念仏三昧が何故「真の無上深妙の門」といわれるのか、その宗教経験が深化していくプロセスの諸事実が明らかにされて行くのである。

それらの事実を列挙すれば以下のごとくとなるであろう。

Ⅰ　三昧海における網綿の手をもつ釈尊

父王浄飯王に対して、

いま座禅してただまさに念仏すべし。あに離念に同じて無念を求めんや。生を離れて無生を求めんや。相好を離れて法身を求めんや。文を離れて解脱を求めんや。(5)

と念仏三昧を勧めた釈尊自身は、

つねに三昧海のなかにして、網綿〔仏の三十二相の一である、指と指の間に水かきがある手足網縵相〕の手をあげたまひて、(6)

説かれた。

これは釈尊自身が念仏三昧のうちにあったことを示唆するであろう。

網綿の手が、一切衆生一人残らず悟りへ至らしめることを譬えている。

ここに特にいわれている三昧海という表現には、聞法者の父王浄飯王が念仏三昧を実践するとき説法者の釈尊と同一世界の境位に実存していることが表象されている。

II　釈迦如来と阿弥陀如来、穢土と浄土は不一不二の関係である

「至理の真法[7]」という仏覚自体は、一如であって衆生を教化し利益する。しかし現実世界において実存的には、如来が起したもう弘誓が各別であるがゆえに、われわれにとっての歴史的仏陀である釈迦如来は濁世に応生し、阿弥陀如来は浄土に出現されるのであるという。両如来がそれぞれ出現される世界は「穢浄両殊」ではあり、穢土と浄土との違いは明白であるが、「利益斉一」である。利益においては両者とも全く「一」であるという。

このことは釈迦如来と阿弥陀如来、穢土と浄土が不一不二の関係にあることをダイナミックに明らかにしている。

歴史的仏陀である釈迦如来と絶対普遍的根元的仏陀である阿弥陀如来が、十方すべての衆生を利益しようとすることにおいてひとしく「一」であるというのである。

この「一」は単に二が一であるというのではなく、存在論的に釈迦如来の存在は阿弥陀如来の自己否定的限定としての具現的に自己表現して行く中心的動的統一であり一つの焦点である。宇宙における太陽の広大無限なる光が、一惑星の地球におけるひとつのレンズの焦点に集光されるごとく、阿弥陀如来の無量光は歴史的仏陀である釈迦如来の存在を焦点としてそこに集光する。

われわれが存在している娑婆世界においては、釈迦如来の存在のうちに集光した阿弥陀如来の無量光は、釈迦如来の焦点を通してわれわれ一人ひとりの存在を焦点としてそこに集光する。阿弥陀如来の無量光が娑婆世界のうちに集光する焦点こそ、「南無阿弥陀仏」の名号にほかならない。

われわれ一人ひとりが自己存在の根源において名号を専称する念仏三昧の「行」こそ、そのような焦点がわれわれ存在のうちに形成され現成し、阿弥陀如来の無量光をその焦点に集光せしめる行法であるといえよう。

Ⅲ　はなはだ分明にして十方世界にあまねく流行せしむ如来の尊号

称讃浄土経に基づいて法照が名号について頌した著名な偈が引用される。その句に、

如来の尊号は、はなはだ分明なり。十方世界にあまねく流行せしむ。ただ名を称するのみありて、みな往くことを得。観音・勢至おのづから来り迎へたまふ。(8)

とある。

これについて親鸞は唯信鈔文意に詳細な註解をほどこしている。

「如来の尊号」は、

不可称不可説不可思議にましまして、一切衆生をして無上大般涅槃にいたらしめたまふ大慈大悲のちかひの御なをなり。(9)

と釈し、

「はなはだ分明」とは、

十方一切衆生をことごとくたすけみちびきたまふこと、明らかにわかちすぐれたまへりと

なり。(10)

という親鸞独特の釈義が提示される。

特に「分」について、

わかつといふ、よろづの衆生ごとにとわかつこころなり。

と、十方衆生の一人ひとりをことごとく分け、個としての自己存在が自己否定的にあらわとなる存在の在処(11)である宗教的実存の根元において、如来の尊号は、

一切衆生をして無上大般涅槃にいたらしめたまふ大慈大悲のちかひの御なり。

の大悲的活動であると親鸞は捉える。

「十方世界にあまねく流行せしむ」の文のうちに、親鸞は鋭い慧眼をもって、

大小の聖人・善悪の凡夫、みなともに自力の智慧をもつては大涅槃にいたることなければ、無碍光仏の御かたちは、智慧のひかりにてましますゆゑに、この仏の智願海にすすめ入れたまふなり。一切諸仏の智慧をあつめたまへる御かたちなり。光明は智慧なりとしるべしとなり。(12)

という深義を見破するのである。

かかる親鸞の解釈によって明らかにされる「如来の尊号」を念称する行法である「念仏三昧」が、念称する主体たるわれわれ凡夫の自己存在の根元的在処においていかなる宗教経験を具体的に開示してくるのか、唯信鈔文意の釈義を通して、より鮮明に具体化されるであろう。

また、「はなはだ分明」の釈義に関連して、行文類六字釈の、

> 必得往生といふは、不退の位に至ることを獲ることを彰すなり。経には即得といへり、釈には必定といへり。即の言は願力を聞くによりて報土の真因決定する時剋の極促を光闡するなり。必の言は審なり、然なり、分極なり、金剛心成就の貌なり。[13]

という釈中における「必」の定義が想起されるであろう。なおこれについては、拙著親鸞浄土仏教思想論上巻第一章「空思想の基本的性格」三「中観哲学の根本的立場」V「如性・縁起・自然法爾・他力・救い」ii「還相回向への論理展開」E「本師曇鸞和尚による浄入願心」g「親鸞浄土仏教における利他真実の信心の獲得構造」㈠「即の釈義」(二四五―二五七頁)を参見されたい。

Ⅳ　念仏三昧これ真宗なり

「念仏三昧これ真宗なり」[14]とは、法照が自著浄土五会念仏略法事儀讃のなかで仏本行経に基づいて頌した偈の著名な一句である。

親鸞にとってこれほど単刀直入に念仏三昧こそ真宗であることを宣言した文はない。実はこの文の前段において法照は一体何が正法であるかを前提命題としてかかげている。

それが、

何ものをかこれを名づけて正法とする。もし道理によらばこれ真宗なり。[15]

という命題である。

ここにいわれる真宗という概念はいかなる仏法であれ、それが道理に相応している法であるならば、そのかぎりすべて真宗と呼ばれるべき正法であることを規定するものである。

そのような意味で、真宗は、絶対普遍的な道理を根拠とする概念であるといえよう。仏法が真宗と呼ばれるかぎり、その教法は道理に即応し道理を表象するものでなければならない。法照によれば、道理・正法・真宗は根元的に「一」であり、それは絶対普遍の概念であるといえるであろう。

そしてかかる「一」が仏教的行として具現化した行体系が念仏三昧であるといわなければならない。

V　正法よく世間を超出す

さらに法照はつづけて重要なことを論じている。それは絶対普遍的「一」が真に絶対普遍的となるためには、「一」はかならず歴史的時間のうちに現成しなければならない。

それが

好悪今の時すべからく決択すべし。一々に子細朦朧《もうりょう》することなかれ。(16)

という歴史的世界への要請である。

ここで、西田幾多郎が歴史的世界と大乗仏教とのかかわりについて、西田が大乗仏教への批判を打ち出していることに思いをはせておきたい。なお、詳細は拙著『親鸞浄土教と西田哲学』[17]を参照していただければ幸いである。
西田は「歴史的世界の創造性」ということを問題にする。
われわれの自己は何処までも、

創造的世界の創造的要素として、絶対現在の自己限定として働く。

のであるが、仏教は確かにかかるわれわれの自己の深淵に徹到しえたといえるであろう、だが、宗教的真理としてはいかに深くあろうとも、出世間と世間との相即をめざしつつもやはり出世間的方向に究竟的真理を見すえそこに向かう傾向が強いことを西田は指摘している。

その源泉を印度に発した仏教は、宗教的真理としては、深遠なるものがあるが、出離的たるを免れない。大乗仏教と云へども、真に現実的に至らなかった[18]。

と論じ、さらに日本仏教、特に親鸞の自然法爾にまで言及して以下のごとくいう。

日本仏教に於ては、親鸞の義なきを義とすとか、自然法爾とか云ふ所に、日本精神的に現実即絶対として、絶対の否定即肯定なるものがあると思ふが、従来はそれが積極的に把握せられていない。単に絶対的受働とか、単に非合理的に無分別とかのみ解せられて居る[19]。

と、未だなお積極的理解の不十分なることを歎じている。

さて、法照のいう「今の時」とは、いかなる時代に存在しようとも、われわれ一人ひとりが宗教的実存において歴史内生死に直面する刹那を指している。

そのような刹那に教法の「好悪」をしっかりと「決択」しなければならないと法照は強調するのである。

だがただ「決択」するのみにとどまるのではない。そのうえ、

一々に子細朦朧することなかれ。

という。一つ一つ子細なる点までも厳密に聞思熟慮し、決して曖昧模糊にしてはならないというのである。このことは一体何を法照はいわんとしているのであろうか。

法照の真意は、

正法よく世間を超出す。

という文にあらわれている。

「正法」は、「念仏三昧」を念称し実践するわれわれ一人ひとりの宗教的実存の根元的在処において、われわれが現実に生きる世界は生死虚妄の世俗世界であることを開覚せしめる。

それによってまさしくわれわれ一人ひとりが虚仮不実なる世俗世間を超え離れることができ

るところに、教法が「正法」と呼ばれ「道理」が現成し「真宗」が体現される。

ひきつづき法照は「持戒・座禅を正法と名づく」ともいう。

現代語訳では「持戒や座禅も正しい法というけれども」と訳す。文脈から見れば、上記の「好悪今の時すべからく決択すべし」という「今の時」がすでに持戒・座禅という行法を「正法」とは言いがたくなってしまったというのであろう。

「今の時」におけるわれわれにとっては、持戒・座禅はもはや「よく世間を超出」せしめることのできる行法ではなくなった。

虚仮不実なるわれわれ凡夫存在をして、それらは現実には仏覚に導くことのできるような行法ではなくなった。

かかる意味において持戒・座禅はわれわれ凡夫存在の機根に対して「正法」とは名づけることが不可能となってしまったといわなければならない。それゆえに「禅・律いかんぞこれ正法ならん」と後にいう。

したがって、「今の時」に生きるわれわれ凡夫存在にとっては、まさしく「念仏成仏はこれ真宗なり」と法照は高唱するのである。

「念仏三昧」の一行こそわれわれ凡夫存在が成仏することのできる行道であり、それゆえにわれわれにとっては真実なる「正法」（真宗）といわなければならない。

仏の言葉を真実と受諾しないような教法は「外道」と名づく。「正法」とはいえない。すなわち「因果」の法理を否定する見解であって空虚なる立場である。

それに対して「正法」はわれわれ凡夫存在をしてよく生死流転の迷妄世界を超脱せしめることができる。その意味で「正法」は「世間を超出す」という。

「今の時」に生死流転せるわれわれ凡夫存在をして世間を超出せしめることができなくなった「禅・律」の教法が「いかんぞこれ正法ならん」。

どうして「正法」といわれようか。

しかし、「禅・律」の教法自体が「正法」ではないというのでは断じてない。像法・末法という「今の時」を生きるわれわれ凡夫存在の機根にとってはもはや「正法」という本来的な意味と機能を喪失してしまったというにほかならない。

まことに「念仏三昧これ真宗なり」といわなければならない。

法照はこの文につづいて、

性を見、心を了《さと》るはすなはちこれ仏なり。いかんが道理相応せざらん。[20]」という。この文は果していかなる意味であろうか。「見性了心」とは自己本具の心性を徹見し、そこに実相を見ることであろう。

真如実相第一義空を如実知見することであり、それは自己存在の在処に仏性を顕現することにほかならない。まさしく仏覚存在である。それを法照は「便是仏」といったのである。われわれ凡夫存在の機根をして「見性了心」せしめ仏覚存在たらしめる「念仏三昧」こそ、われわれにとっての正法であり真宗であり、先に見てきたごとく道理であるといわなければならない。

それゆえに「念仏三昧」が「いかんが道理相応せざらん」などといわれようか、「念仏三昧」こそ道理相応の行法であるというのである。

Ⅵ　十一の仏力

行文類大行釈に律宗の祖師元照著観無量寿経義疏[21]に山陰の慶文法師正信法門が引用され、そ

の慶文の文に、

いま所修の念仏三昧に約するに、いまし仏力を憑む。(22)

という重要な文があらわれる。

念仏三昧は、自力の三昧行ではなく、仏力をたのむ三昧行であるという慶文の釈義である。ここにいう仏力を慶文は以下のごとく十一の異なった概念を駆使して表現している。

けだし阿弥陀仏、大慈悲力・大誓願力・大智慧力・大三昧力・大威神力・大摧邪力・大降魔力・天眼遠見力・天耳遥聞力・他心徹鑑力・光明遍照摂取衆生力ましますによりてなり。

かくのごときらの不可思議功徳の力まします。(23)

十一概念のなかはじめの七つにはすべて「大」の一字が冠されている。十一の概念は決してアトランダムに列挙されたものではないであろう。それらによって表象されている仏力を系統的に意味づけするものであると捉えたい。十一の仏力を体系的に理解することによって、念仏三昧が仏力を憑む実践行であることの宗教経験論的な意味を分析的に窺い知ることができるであろう。

項をあらためて十一の仏力を概観しておこう。

i　大慈悲力

慶文は第一に大慈悲力をあげる。

最初に大慈悲という積極的で能動的なる一切衆生を救済せんとする利他行の根本的な作用がかかげられる。

大慈悲力はのちに出されてくる九つの仏力すべての根柢にはたらく阿弥陀如来救済の原動力である。したがって、念仏三昧が自力の三昧行とは異なって、仏力を憑む行であるという実践的意義は、念仏三昧を行ずる行者の心底に、最も根元的な仏力である大慈悲力が常に活《はた》らいているという宗教的事実を顕彰するものであるといわなければならない。

ii　大誓願力

第二が大誓願力である。

大誓願力という根元的生命は、大慈悲力を具体的に展開せしめ方向づける作用であるといえよう。

阿弥陀如来が因位の法蔵菩薩であったとき四十八の願いを発願したもうたが、それは如来の大誓願によって大慈悲力が、四十八の個々なる方向に個別化・具現化されたことを意味する。それは法蔵菩薩の利他行が具現化したことでもある。

四十八という数値に拘泥する必要はないが、康僧鎧訳として伝承されてきた大無量寿経に説かれる願数にほかならない。

重要なことは、仏力が阿弥陀如来の大誓願力として、大無量寿経のうちにおいて具現態となったという点である。

したがって、仏力を憑む念仏三昧を実践する行者にとって、行者の心が、四十八の一々の願事に焦点的に専念せしめられることとなる。

そこに念仏三昧を成就せしめる止観（奢摩他・毘婆舎那）が発揮されるであろう。

法然が選択本願念仏集慇勤付属章において、

わたくしにいはく、おほよそ三経の意を案ずるに、諸行のなかに念仏を選択してもつて旨帰となす(24)。

と私釈するとき、大無量寿経に三種の「選択」が説かれたという。

その第一に「選択本願」をあげ、

一に選択本願といふは、念仏はこれ法蔵比丘、二百一十億のなかにおいて選択するところの往生の行なり細《くわ》しき旨上に見えたり。ゆゑに選択本願といふ。(25)

と「選択本願」が定義づけられる。

このことは本願章において、

しかればすなはち弥陀如来、法蔵比丘の昔平等の慈悲に催されて、あまねく一切を摂せんがために、造像起塔等の諸行をもつて往生の本願となしたまはず。ただ称名念仏一行をもつてその本願となしたまへり。(26)

と私釈開顕されている義を受けていることは明白であろう。

ここに法然によって称名念仏一行へと念仏三昧が、選択本願の行として焦点的に具現化しているといえるであろう。

称名念仏一行こそ、念仏三昧を実践する凡夫行者をして必然的に仏力を憑ましめる唯一の大乗菩薩道の行道であった。

iii　大智慧力

第三が大智慧力である。第二の大誓願力は第一の大慈悲力を個別的に方向づける具現化であったが、大智慧力はその方向づけを的確に目標へとむけしめる無分別智にほかならない。それはまた根本智とも呼ばれる。

先に大慈悲力について他の九つの仏力すべての根柢にはたらくいわば阿弥陀如来救済の原動力であると述べたが、今の大智慧力は大慈悲力が個別的に方向づけられ成就して行く個別的なすべての目標を源泉的に統合している根本智であるといえるであろう。

般若を釈して「真空妙有」と通常いわれるが、鈴木大拙は真空妙有ではいまだ究尽せざるところがあるとして「真空妙用」でなければならないという(27)。ここに実は大智慧力と大慈悲力の不動而動なる関係が見事に表現されているといえるであろう。

以下、関連事項として新たな項目を立て、曇鸞往生論註に依拠して阿弥陀如来の三号のひとつ正遍知を中心に、智慧に関する曇鸞法師による諸註解について考察したい。

A　往生論註における正遍知の概念

曇鸞は往生論註巻下で阿弥陀如来の三号のひとつ正遍知を定義して、

正遍知とは、一切諸法は実に不壊の相にして不増不減なりと知る。いかんが不壊なる。心行処滅し、言語の道過ぎたり。諸法は涅槃の相のごとくして不動なり。ゆゑに正遍知と名づく。(28)

という。また曇鸞は巻上において、安楽国におけるもろもろの大菩薩の四種荘厳功徳成就について、第一に不動而至功徳をあげるが、かかる荘厳成就は法蔵菩薩が発願したもうた願事である、

願はくはわが国のうちには無量の大菩薩衆ありて、本処を動ぜずしてあまねく十方に至りて種々に応化して、如実に修行してつねに仏事をなさん。(29)

との大誓願による成就であると註解する。

さらにそれをうけて、巻下では八地以上の菩薩をとりあげ、曇鸞大師は以下のごとく註解する。

八地以上の菩薩はつねに三昧にありて、三昧力をもつて、身は本処を動ぜずして、よくあ

まねく十方に至りて諸仏を供養し、衆生を教化す。無垢輪とは仏地の功徳なり。仏地の功徳は、習気煩悩の垢なければなり。仏（阿弥陀仏）、もろもろの菩薩のために、つねにこの法輪を転ず。諸大菩薩もまたよくこの法輪をもつて一切を開導すること、暫時も休息することなし。ゆゑに常転といふ。法身は日のごとくして、応化身の光もろもろの世界に遍するなり。日といふにはいまだもつて不動を明かすに足らざれば、また如須弥住持といへるなり(30)。

大菩薩が実践する利他行がいかに不動而至の作用であるか、そのうえ無垢輪を常転するという衆生の救済教化が、阿弥陀如来ともろもろの大菩薩とによるいかに相互共同の根元的生命であるか、

ここにも大智慧力と大慈悲力の不動而至なる関係が見出されるであろう。

普通は上述のごとく不動而動というのであるが、動を至と表現することによってより一層具現的に一切衆生救済への根元的生命が如実に表象されるであろう。

先に鈴木大拙が妙有を妙用と捉えたことと軌を一にする同一の方向といえるであろう。

さらに、曇鸞は智慧と慈悲と方便との三種の門について巻下名義摂対章において、世親浄土

論の文である、

向《さき》に説く智慧と慈悲と方便との三種の門は般若を摂取し、般若は方便を摂取す、知るべし。(31)

を註解している。

先ず、般若とは如に達する慧の名であり、方便とは権に通ずる智の称であると、智慧を智と慧の二字に分けて定義する。慧は般若の側面であり真如法性に体達するところに開示されてくる。そして智は方便の側面であって、衆生救済を目的として衆生世界の真只中に衆生の機根に応じて仮の諸相をとって現れるという応現・示現・権現を指す。

曇鸞が般若と方便を註解する場合、智慧を二字分解して智と慧を両者にそれぞれ充当させたことは、智慧という概念がもっている二面性（般若の側面と方便の側面）を表象せんとするものであり、そこには次の二つのことが指摘できるであろう。

一　二面性は、智慧によって統括され、不二なる関係であることを表現していること。

二　般若と方便とが相互にいかなる関係をもっているか、関係性の不一なる大悲的無碍能動を表現していること。

それをさらに、曇鸞は敷衍して、

如（真如法性、平等一如）に達すれば、すなはち心行（心のはたらき）寂滅なり。権《ごん》（差別の事相）に通ずればすなはちつぶさに衆機を省《かえり》みる（あらゆる機類をくわしくよく知る）。機を省みる智、つぶさに応じて（よろずの機に応じつつ）しかも無知（無分別智）なり。寂滅の慧、また無知にしてつぶさに省みる（くわしくあらゆる機をよく見る）[32]。

と具体的に詳論する。

われわれの心行 citta-gocara が「一切諸法はこれ真如法性なり」と諸法の如に体達するならば、そこに寂滅の境界が開らかれてくる。しかしそれは単に心のはたらきが停止したり、またそれによって心のはたらきのおよぶ対象や領域などが消滅したりすることを意味しているのではない。

曇鸞が「寂滅の慧、また無知にしてつぶさに省みる」と註解しているように停止することとは全く逆である。

最も積極的能動的にあらゆる存在に対してそれらを詳しく無限に映し取るといえる。

ここにいう「つぶさに省みる」とは、先に方便について釈された「権に通ずる智の称」というなかの「権に通ずる」ことが「権に通ずればすなはちつぶさに衆機を省みる」と釈されたところの「つぶさに衆機を省みる」ことを指しているのは明白であろう。

われわれの心行が寂滅してはじめてつぶさに衆機を省みることが可能となる。

このような在り方が「寂滅の慧、また無知にしてつぶさに省みる」と表現されるのである。心行が無知の無（それは西田哲学における絶対無と同定できるであろう）となるとき、すなわち、寂滅するとき「つぶさに省みる」ことができる。

しかもここにいわれる無知とは直前にいう「機を省みる智、つぶさに応じてしかも無知なり」の無知と同一内容であることは論を俟たない。

この無知こそ無分別智 nirvikalpa-jñāna である智慧にほかならない。

「つぶさに衆機を省みる」ところの知すなわち「無知にしてつぶさに省みる」ところの知は、いわゆる無分別智の後に獲得される智慧である「後得智」pṛṣṭha-labdha-jñāna（詳しくは「世間清浄分別智」）と呼ばれる智であるともいえよう。

このことを踏まえて般若と方便がいかに無碍能動的に関係するのかを曇鸞は次のごとく註解する。

先ず「しかれば」と直前をうけて、

しかればすなはち智慧と方便とあひ縁じて動じ、あひ縁じて静なり。

という。ここにいう智慧と方便は曇鸞が上においてすでに註解した、般若とは如に達する慧の名であり、方便とは権に通ずる智の称であると、智慧を智と慧の二字に分けて定義したことにつながる。

それはすでに考察したごとく、智慧という概念がもっている二面性（般若の側面と方便の側面）を表象するものであった。

そこでは般若と方便とは智慧においてひとつであった。

かかる智慧は無分別智にほかならない。

無分別智はその意味で最も根本的なる智慧（根本智とも呼ばれる）である。

それは般若と方便の両者にかかわる。

曇鸞が註解したごとく、智慧が真如に体達する側面を般若と名づけ、同一なる智慧が権仮に貫通・徹到する側面を方便と称するのであって、その体は無分別智と呼ばれる根本智にほかならない。

智慧と方便とあひ縁じて動じ、あひ縁じて静なり。

とは、まさしくこのような智慧と方便との根本構造を特徴づける縁起的関係を表象している釈文である。

ここにいうところの智慧においては、それが特に方便と積極的にかかわる側面がとりあげられている。

曇鸞が方便を、

権に通ずればすなはちつぶさに衆機を省みる。

と註解したように、智慧が方便へと縁じて生起するならば、無限に能動的となって時空を到徹して無量・無尽なる異方便を創造する。

しかし、同時に曇鸞が般若を、

寂滅の慧、また無知にしてつぶさに省みる。

とも註解したごとく、智慧はつねに般若と縁起して絶対矛盾的自己同一なる不動性・創造性のうちにある。

動即不動、不動即動の不二なる関係が智慧と方便のあいだには根本構造として成り立っている。

そのような両者のあいだに即がいい得るのは、智慧の功によって動は静を失わないからであり、同時に方便の力によって静は動を廃することがないからである。

動即不動が成り立つのは智慧の体である無分別智に根ざしているからであり、不動即動が成り立つのは方便の無限定なる用がつねに具現化しているからにほかならない。

ここにも動と静という表現は異なるが、大智慧力と大慈悲力の不動而至なる関係が見出されるであろう。

しかし、かかる関係は両側面を単にそれ自体としてそれぞれを表象するごとき関係ではない。

われわれの凡夫存在の現実世界に能動的に活《はたら》きかけをしているのは、智慧が自己否定的に自己表現する方便作用であり、それは同時に、方便をして真にそのように実働的方便ならしめているのは無分別智なる智慧の根元的源泉である。

われわれの実存的自覚においては方便に直入しているのであって、無分別智である智慧は自己否定的に自己をそこに映している。

それは単に実存的自覚ではなく主体的形成であるといえるであろう。

かかる自覚と形成によってわれわれ凡夫存在は真に歴史世界を創造する絶対主体となり得て

いるといえるのではなかろうか。

以上の註解を踏まえて、曇鸞ははじめにかかげた浄土論の文、

向に説く智慧と慈悲と方便との三種の門は般若を摂取し、般若は方便を摂取す、知るべし。

にもどって、

このゆゑに智慧と慈悲と方便とは般若を摂取し、般若は方便を摂取す。[33]

と結ぶ。

智慧・慈悲・方便とは明らかに浄土論にいう「向に説く智慧と慈悲と方便との三種の門」すなわち障菩提門に説かれる、

菩薩如是善知回向成就遠離三種菩提門相違法

の三種菩提門である。

智慧門・慈悲門・方便門の三種の門である。

かかる三種菩提門が真実絶対なる門としてはたらくのは、われわれ願生者がその門に入れば、必ず三種の菩提門相違の法を遠離せしめ自由自在なる無碍の身とならしめられるからである。

世親によれば、三種の門それぞれに二面の活きがあるものとされる。その二面の活きが生起

してくる根本契機を曇鸞はそれぞれの門の名称を構成する二文字を分析的に意義づけることによって各門が発揮する独自性を開示している。

先ず、智慧門についてであるが、世親は、

智慧門によりて自楽を求めず。我心の自身に貪着することを遠離するがゆゑなり。(34)

と、智慧門のひとつの面は「自楽を求めず」という利他外面的活きと、他のひとつの面は「我心の自身に貪着することを遠離する」という自己内面的活きであると釈す。

曇鸞は前者の側面を智慧門の智に充当して、

進むを知りて退くを守る。(35)

という義であると註解する。

「知進守退」とは、菩薩道を実践する菩薩が利他行成就という目標へむかってつねに邁進し、決して声聞地・辟支仏地（縁覚）の二乗には退落しないように身を守ることである。

菩薩が二乗へ退堕することについては、周知のごとく、龍樹がすでに易行品に自著菩提資糧論(36)を引用して、

もし声聞地、および辟支仏地に堕するは、これを菩薩の死と名づく。すなはち一切の利を

失す。[37]

と釈論している。それは菩薩にとって菩薩位の資格剥奪にほかならない。まさしく菩薩の死であり一切の利を失することを意味し、畢竟じて仏道を遮すほどの大怖畏を生起せしめる事態である。曇鸞によれば、菩薩は智慧門の智によってかかる事態をまぬかれるというのである。

世親が、

智慧門によりて自楽を求めず。

というとき、その自楽を求めないというのは、曇鸞によれば、知進守退の智の利他外面的作用がはたらくからだという。

また世親が捉えた智慧門のいまひとつの側面である、

我心の自身に貪着することを遠離する。

という自己内面的作用を曇鸞は智慧門の慧に充当して、「空・無我を知る[38]」義であるという。知空無我とは、一切諸法の空なることを悟ると同時に、已れ自身の自性なる我愛・我執を絶対否定する無我の実相を覚ることである。

かかる慧の作用によって、菩薩は我心の自身に貪着することを遠離することができるという。

わが心が無明なる渇愛によって自己自身に愛着し貪欲・瞋恚・愚痴という三毒の根本煩悩の繋縛から己れ自身を解き放ち遠く離れることができるという。

知進守退と知空無我こそ、われわれ願生者が大乗菩薩道を実践して行く場合に自覚されなければならない最も根元的な智慧門による活動的二形態であるといえよう。

ひきつづき慈悲門に関して、世親は、

慈悲門によりて一切衆生の苦を抜く。衆生を安んずることなき心を遠離するがゆゑなり。(39)

と、菩薩がそれによって巧方便回向を成就して菩提門相違の法を遠離するところの第二種の門の義を略解している。

分析的に理解するならば、慈悲門のひとつの面は一切衆生の苦を抜くという原因究明的作用であり、他のひとつの面は衆生を安んずることなき心を遠離するという結果与楽的作用であることを慈悲門において世親は開示している。

かかる世親による慈悲門略解に対して、曇鸞は前者の側面を慈悲門の慈に充当して苦を抜く義という。抜苦とは、菩薩道を実践する菩薩が利他行成就という目標へむかってつねに邁進して行くなかで、苦界に煩悶せる衆生の現実相がいかなる根元的原因によるのであるか、その苦の因的実態を究明して、一切衆生を苦の繋縛から解放せしめようとする利他行の実践を指す。また、曇鸞は後者の側面を慈悲門の悲に充当して楽を与うる義と註解する。与楽とは、菩薩の積極的利他行を総括的に象徴する行であり、それによって菩薩は一切衆生を根元的苦に陥れている不安・おののきから遠離せしめ安心立命の境地にいたらしめる。

第三に、菩提門相違法を遠離するのは方便門である。

世親は、

　三には方便門によりて一切衆生を憐愍する心なり。自身を供養し恭敬する心を遠離するがゆゑなりと、(40)

方便門はそれによって一切衆生を憐愍する心であると規定する。元来、方便が菩薩の意識に生起してくるのは一切すべての生きとし生けるもろもろの存在に対する憐愍の心からであるというのである。

憐愍の原語は anukampā であるが、それは anu と kamp から構成される。anu とは、「沿いて・の方へ・越えて・したがって」の意味で、この場合、利益・恩恵・弁護・賛同の意を含んで「…のために」という前置詞である。kamp とは「震える・揺れる・震動する」の原義をもつ動詞である。したがって、両者をあわせると「…に沿って、…にしたがって、…のために震える」ということであり、他人の苦しみ・痛み・悩みの波長にあわせて自らの波長を震動させ、ともに同じ苦悩・苦痛を感得し体感することを意味する語義・語感をもったサンスクリット原語のようである。

anukampā がもっている原義こそ、まさしく今の方便門について、菩薩がそれによって巧方便回向を成就して菩提門相違の法を遠離するところの第三種の門の義を世親が「一切衆生を憐愍する心」と略解した深義にほかならない。

さらに、世親は方便門が一切衆生を憐愍する心に根ざしているのは、菩薩が自身を供養し恭敬する心を遠離するからであるという。自身を供養し恭敬する心が絶対否定されるところに、他者である一切衆生存在の一々の個に即応しつつ真に憐愍する自覚が芽生えるであろう。

供養のサンスクリット原語は pūjā であるが、pūjā は pūj という動詞から派生した女性名詞形である。pūj とは「尊敬・崇敬をもって扱う、尊ぶ、慇ろに迎える、もてなす、尊敬を払う」ことを意味する。恭敬の語義としては、恭は行為として外見にあらわれる慎み深さをさし、敬は特に心底にいだく慎みの念をいう。以上のような意味をもつ供養・恭敬の念が已れ自身にむけられるとき、他者を憐愍するなどというごとき心は微塵もおこらないであろう。そこには自尊心以外の何ものも生起してはこないであろう。

曇鸞は他の二門と同様、方便門の方便を二字にわけ、方の義は正直であり、

正直によるがゆゑに一切衆生を憐愍する心

を生ずるのであるとし、便の義は外己であり、菩薩は

外己によるがゆゑに自身を供養し恭敬する心

から遠離されるのだと解釈した。

曇鸞は、方便という菩薩の利他行を正直と外己という二つの因的根源にまで掘り下げて、世親が略解した方便門の独自性を開顕せんとした。

正直とは、偏頗のない、両極端に偏重しない、真直ぐで、一切の衆生一人ひとりに対して何ら差別なく、一子地のごとく平等に対処することをいう。親鸞の浄土和讃諸経讃に、

平等心をうるときを　一子地となづけたり

一子地は仏性なり　安養にいたりてさとるべし(41)

と讃嘆されている。世俗的な価値観ではなく、むしろ世俗的価値を覆すような出世間的な正直と呼ばれる価値基準をもって一切衆生に接していくところに、一切衆生を憐愍する心が大乗菩

薩道をあゆむ実践者の心底に湧出してくるというのである。

慈恩寺窺基が、妙法蓮華経玄賛巻三方便品[42]に、方便に諸義ある中、今の論註方便門註解の文を引用して便を「善逗機宜」の意と理解しているが、外己とはおそらく「善逗機宜」の義であろうと深励は窺基の釈を採用している[43]。すなわち、便宜の意味で「よく機の宜《よろ》しきに逗《とど》まる」というのである。機の宜しきに相投合する、意気投合すること（「逗」とは「安定しておかれること」「とどまって動かないこと」。「投」に通ずる。）である。

便の解字を見ると、

力を加えて変えること。人の都合のよいように変えることから、都合がよいの意味を表わす

という。

また、宜とは、

まないたの上に肉片をのせた形にかたどり、調理した鳥・けもの・魚などの肉、さかなの意味を表す。特に、出陣にあたり行われる儀礼にかなった調理の意味から、転じて、よろしいの意味を表わす[44]。

と解字されている。

これら便・宜・逗の解字を総合して考えると、外己は、それらの根柢に見出される根本義であるといえるのではなかろうか。

外己とは、文字通り「己を外にする」ことであるが、自己の自性否定である。自己を他（他は実は他における自己である。すなわち他己にほかならない。）のすべてとの関係性から切り離して閉鎖的に孤立・独立する存在実体としての己我すなわち自性的存在として捉えられた自己（「自性的自己」と呼んでおく）を徹底的に除外しようとするものであろう。

自己の存在価値を自性的自己のうちに見出だそうとするのではなく、自己存在性のうちに閉鎖的な自性を認めず、そのような自性的自己の牢獄から自己を解放せんとする義をいうのであろう。

曇鸞は、外己によるがゆえに、菩薩は「自身を供養し恭敬する心」を遠く離れることができるのだというのである。外己なる自覚が菩薩の心底に生起するから、利他の精神が必然的に菩薩をして二乗への退転を食い止め根元的に大乗菩薩道へと転換せしめる。

さて、曇鸞の名義摂対章にもどろう。曇鸞は不動而至の関係が大菩薩とわれわれ衆生凡夫存在とがどのようにかかわり、それを表象するものであるかを次のごとく明らかにしている。

智慧と方便とはこれ菩薩の父母なり。もし智慧と方便とによらずは、菩薩の法、すなはち成就せずと知るべしとなり。なにをもつてのゆゑに。もし智慧なくして衆生のためにする時は、すなはち顚倒に堕す。もし方便なくして法性を観ずる時は、すなはち実際を証す。このゆゑに「知るべし」といふ(45)。

と、浄土論の応知に関する註解のうちに開示されている。

先ず、智慧と方便との関係が、菩薩の父母に喩えられる。菩薩にとって、智慧と方便こそは、自らをこの世に生あらしめた父母であるという。この譬喩は重要である。智慧と方便は、菩薩の存在を根元的に限定する根本契機である。まさしく智慧と方便なくしては菩薩存在は不可能である。

このように菩薩を存在論的に規定しているところを指して、

もし智慧と方便とによらずは、菩薩の法、すなはち成就せず。

と曇鸞は註解した。

菩薩がもしも智慧と方便に依拠しないならば、菩薩が菩薩道において、どんなに六波羅蜜の自利利他行を実践しようとも、菩薩としての普遍的ダルマが完成成就したことにはならないと、菩薩は自覚熟知すべきであるというのである。

何故このようなことが成り立つのであろうか。

曇鸞はここで智慧と方便の関係を菩薩がいかにわれわれ衆生たる凡夫存在とかかわるのか、衆生が衆生として存在する根元の存在の在処との関係のなかで捉えようとする。

智慧と方便は、菩薩が単に衆生存在から切り離された菩薩自身の単独のところで意味をもつものではない。

菩薩が衆生存在と実存的にかかわるとき、はじめて智慧は智慧の真実義が発揮され、方便は方便の真実義が発揮されるような縁起的な場において、智慧と方便は成り立つ。

あるいは逆に表現するならば、智慧と方便が成り立つそのような縁起的な場において、はじめて菩薩と衆生は各々かかる場を実存的に経験することによって、菩薩は真に菩薩存在となり、衆生は真に衆生存在となるといえよう。

その意味で智慧と方便は同時にわれわれ衆生凡夫の存在根拠を根元的に規定する父母の譬喩によって表現される。

B　往生論註における顛倒の概念

さて、曇鸞ははじめに智慧の欠如が菩薩に対して何をもたらすかその果を論じる。菩薩が般若の智慧に依拠せずして衆生救済の利他行を実践しようとしても、菩薩は「顛倒に堕す」というのがそれである。

往生論註における顛倒の概念を渉猟するに次のごとき意味をもっていることが知られるであろう。ここでしばらく瞥見しておきたい。

a　顛倒の善果

曇鸞は龍樹菩薩の十住毘婆沙論を取意し難行道を規定して、

> 五濁の世、無仏の時において阿毘跋致を求むる[46]

ことを難となすといい、この難に多途あるが、略して「ほぼ五三をいひて、もつて義の意を示さん」と五義を提示する。その第四に、

> 顛倒の善果はよく梵行を壊《こぼ》つ[47]

という。迷界である人間界に生をうけたわれわれの存在（果報）を顛倒の善果というのである

が、われわれの存在（果報）はたとえ善果であろうとも迷界への果報であるがゆえに、果報への執着が根元には厳然としてあり、善果でありながらも究極的には顚倒せる善果である。いかに仏道修行に精進しても、われわれの行はどこまでも顚倒の行でしかない。それは清浄なる仏道修行（梵行）の破壊へ必然的に導き入れる行である。[48]

ここでの顚倒の概念はわれわれ人間界それ自体に根ざしたものであり、したがって、われわれ人間が実践するそこでの仏道修行は究竟的には成就されず破壊されてしまうというのである。

b　顚倒と虚偽

真実功徳相には二種の功徳があるという。[49]

一には有漏の心より生起して法性に相応しない功徳である。

そのような功徳に属するものとして凡夫人天の諸善・人天の果報をあげ、それらはたとえ善と呼ばれようとも、因も果もともにすべて顚倒であり虚偽であるという。

それゆえに不実の功徳と呼ばれる。それは功徳であっても真実ではない功徳、実在性が欠如している功徳であるというのである。

不実なる功徳、真に実在 reality とはいえない功徳である。

顛倒・虚偽は有漏の心より生起して法性に相応しないという不実性の根拠となっている。

それに対して、

二には菩薩の智慧清浄の業より生起し仏の果報を成就して仏事を荘厳する功徳である。

それは法性に相応しており清浄の相にかなっている功徳である。それゆえにこの法は顛倒もせず虚偽でもないといわなければならない。したがって真実功徳と名づけるのだと曇鸞は註解した。

しからば、真実功徳と名づけられる菩薩の智慧清浄の業より生起し仏の果報を成就して仏事を荘厳する功徳が、何故顛倒した功徳ではないといわれるのであろうか。

その理由は、菩薩の智慧清浄の業より生起するから、法性に相応して真俗二諦の道理に順応している（依法性順二諦）といえる。

法性に相応して真俗二諦の道理が成り立つところに真実功徳の実在性の根拠が見すえられている。

また同時に何故虚偽でもないといわれるのか。

その理由は、仏の果報を成就して仏事を荘厳するから、一切衆生を摂取して畢竟浄に入らしめることができる（摂衆生入畢竟浄）といえる。

一切衆生を摂取して畢竟浄に入らしめるところに真実功徳が実在である根拠がある。(50)

ここには顚倒という概念は、虚偽という概念と一対なる観念としてあらわれている。この場合、顚倒と虚偽とは相即不離の関係にあり、それらを否定した不顚倒・不虚偽も相即不離の関係にある。不顚倒は理論的契機であり、不虚偽は実践的契機である。法性に相応するがゆえに必然的に真俗二諦の道理に順応する。

真俗二諦の道理に基づいてはじめて一切衆生を摂取することが可能となり、真俗二諦の道理が法性に依拠するがゆえに法性の具現態である畢竟浄に一切衆生をして回入せしめることができる。不顚倒・不虚偽の根柢に法性が開示されている。法性の必然的な展開のうちに真俗二諦の道理への順応があり、その順応の具現化が摂衆生入畢竟浄にほかならない。

以上、不顚倒・不虚偽について形而上学的に考察してきたのであるが、それが最も具体的にわれわれ凡夫存在の宗教経験のうちで開示し実現してくるのは、われわれが真実功徳相に宗教的実存において出会うことによってである。それが最もダイナミックな出遇いとして成り立つ場が、法蔵菩薩の智慧清浄の業より生起し阿弥陀仏の果報を成就して仏事を荘厳する功徳の相を観察するところにおいてである。

親鸞は、

真実功徳相といふは、真実功徳は誓願の尊号なり、相はかたちといふことばなり[51]

と、真実功徳相が誓願の尊号であることを開顕した。五濁悪世の顛倒・虚偽に埋没せるわれわれ凡夫存在の宗教経験のうちで、不顛倒・不虚偽なる真実功徳相が唯一開示し実現してくるのは、阿弥陀如来成就の誓願の尊号においてであることが知られる。

c　法蔵菩薩自身の自覚内容―顛倒を根元的に内因とする三界の不浄性―

阿弥陀如来が因位法蔵菩薩のとき、清浄功徳を荘厳せんとして発願したもうた理由として、三界の現実相が如実知見されるのであるが、法蔵菩薩の目には、三界の現実相は虚偽・輪転・無窮の相であり、まことにあわれなことに三界の衆生は輪廻循環・自縛し三界にとじこめられて顛倒・不浄なる存在以外の何ものでもないと映ったというのが曇鸞の註解内容であった[52]。

このような三界現実相の如実知見が法蔵菩薩をして清浄功徳を荘厳せしめ、法蔵菩薩は如実知見から得られた般若の無分別智をもって十方すべての衆生を顛倒・不浄の三界から解脱せしめんと願う。

具体的には、衆生一人残らず「不虚偽・不輪転・不無窮の処」に存在せしめて、「畢竟安楽の大清浄処」を得しめんと欲し本願を誓った。それゆえに法蔵菩薩は「清浄荘厳功徳を起したまへり」という。

さらに、顛倒とは三界の不浄性を根本規定する概念であると同時に、それが法蔵菩薩自身の自覚内容として描写されているという点に注目すべきであろう。

顛倒を根元的に内因とする三界の不浄性を自覚することによって法蔵菩薩は、十方衆生をして畢竟安楽の大清浄処を得しめんと発願した。

法蔵菩薩の自覚（願心）がわれわれ凡夫の自覚の心底に聞思されるとき、われわれの存在は三界にありながらも、われわれの自覚のうちに、法蔵菩薩の自覚内容である虚偽・輪転・無窮の相なる三界の現実相が、如実知見される。

それと同時に、法蔵菩薩がわれわれ凡夫をして三界から解脱せしめんと願う般若の無分別智が開示されてくるであろう。

d　曇鸞浄土仏教における成就の概念

曇鸞は成就という概念をことさら取り上げ、

成就とは、いふこころは、この清浄は破壊すべからず、汚染すべからず。三界の、これ汚染の相、これ破壊の相なるがごときにはあらず(53)

と鋭い註解をほどこしている。

実は曇鸞が成就という概念に解釈をほどこしている箇所は全往生論註を通じて僅か五回である。五箇所はある意味で最も重要で核心的な思想内容を曇鸞が展開させている場所のひとつであり注視すべきであろう。

五回のうち最初の箇所が今の註解である。

清浄荘厳功徳が法蔵菩薩によって発願され、そしてその誓願が法蔵菩薩の菩薩行実践によって成就したという宗教的出来事とは、いかなる宗教的事実としてわれわれ顛倒・不浄の三界内存在のうちに開示されるのであるかをそれは実存的にウパデーシャしているといえる。

清浄荘厳功徳が成就するとは、成就によって現成した実相である清浄性が破壊することもできなければ汚染することもできないという意味だというのである。

いかなる環境のなかにおかれようとも清浄荘厳功徳は決して破壊・汚染されない。否、むしろ逆に三界の相である破壊・汚染の相を金剛不壊なる相へと転換せしめ清浄化せしめる活《はたら》きかけを実働するようになることが成就にほかならない。

ちなみに他の四例の成就についても曇鸞がどのような註解をほどこしているかを以下に引用し概説をしておこう。

一　成就とは、いふこころは、十方衆生の往生するもの、もしはすでに生じ、もしはいまに生じ、もしはまさに生ぜん。無量無辺なりといへども畢竟じてつねに虚空のごとく、広大にして無際にして、つひに満つ時なからん。このゆゑに究竟如虚空広大無辺際といへり(54)。

二　不虚作住持とは、本法蔵菩薩の四十八願と、今日の阿弥陀如来の自在神力とによるなり。願もつて力を成ず、力もつて願に就く。願徒然ならず、力虚設ならず。力・願あひ符ひて畢竟じて差はざるがゆゑに成就といふ(55)。

三　菩薩は入の四種の門をもつて自利の行成就す、知るべし。成就とは、いはく、自利満足なり。知るべしといふは、いはく、自利によるがゆゑにすなはちよく利他す。これ自利することあたはずしてよく利他するにあらずと知るべしとなり(56)。

四　菩薩は出の第五門の回向をもつて利益他の行成就す、知るべし。成就とは、いはく、回向の因をもつて教化地の果を証す。もしは因、もしは果、一事として利他することあたはざることあることなし。知るべしといふは、いはく、利他によるがゆゑにすなはちよく自利す。これ利他することあたはずしてよく自利するにはあらずと知るべしとなり。(57)

一について。往生者・願生者・未往生者すべての一切衆生が往生しようとも、安楽浄土が遂に満たされることはない。何故ならば、安楽国は虚空のごとく無限であり無辺なる国土、すなわち無為涅槃界だからである。

一切衆生を一人残らず往生せしめても、キャパシティーに限界の全く無い浄土世界には往生せしめる能力が無限となるように法蔵菩薩によって成就されている側面を指して成就という。

二について。不虚作住持功徳は仏荘厳功徳成就に八種相ある最後の第八番目の相である。この相はいわば仏荘厳功徳成就全体を総括し、その核心的な相であるといえよう。この功徳相がなかったならば、仏荘厳それ自体が無意味となる。

教行証文類においても、最も重要なる教義を論証する場合に引用される。行文類追釈、一乗海釈に海とは、久遠よりこのかた凡聖所修の雑修雑善の川水を転じ、逆謗闡提恒沙無明の海水を転じて、本願大悲智慧真実恒沙万徳の大宝海水と成る。これを海のごときに喩ふるなり。まことに知んぬ、経に説きて煩悩の氷解けて功徳の水と成るとのたまへるがごとし(58)

という。この義を論証するために不虚作住持功徳成就の論註釈が引用される。この論註の文こそ、阿弥陀如来の本願力がいかにして根元的に成就されたのか、その本質的成就相を顕彰する文である。さらに、親鸞はこの曇鸞による註解の文を天親菩薩の文として引用されている。

また、本願力回向の慈悲的活動の根源的力用である不虚作住持の深義は、真仏土文類に引用される論註六文の第六番目 no. 28 に位置づけられている。ちなみに他の五文を概観するに次のごとくである。

第一文、荘厳清浄功徳成就の不思議性 no. 23（『論註』下、観察体相章、器世間 no. 60）。

第二文、荘厳性功徳成就「正道の大慈悲は、出世の善根より生ず」の内に顕彰される法蔵菩薩の聖種性 no. 24（上、観察門、器世間、性功徳 no. 10）。

第三文、「仏よく声聞をしてまた無上道心を生ぜしめたまふ。まことに不可思議の至りなり」と明らかにされる、二乗声聞をして菩薩へと復帰せしめる本願不可思議性 no. 25（上、観察門、器世間、大義門功徳 no. 25）に。

第四文、五種の不可思議（衆生多少・業力・龍力・禅定力・仏法力）をあげ、仏土不可思議に業力（法蔵菩薩）と住持力（阿弥陀仏）の二種ある不可思議性 no. 26（下、観察体相章 no. 58）。

第五文、如来自利利他を国土十七種荘厳に「略」示現したもうことの不思議性（須弥入芥子・毛孔納大海の譬喩）no. 27（下、観察体相章、器世間、示現二利 no. 80）。

これら五文は、すべて国土器世間の不思議性を明かした文である。

今の第六文 no. 28 は、衆生世間仏荘厳功徳成就であり、本願力の成就が本たる因の法蔵菩薩四十八願と、今日たる果の阿弥陀如来自在神力とによることを明らかする。願と力の関係について、
願もつて力を成ず、力もつて願に就く。願、徒然ならず、力、虚設ならず。力願あひ符《かの》うて、畢竟じて差《たが》はず。ゆゑに成就といふ。(59)

という曇鸞の註解はあまりにも著名である。この関係については、本著のなかで処々に言及し論じているので、ここでは指摘のみにとどめておく。

三と四について。両者を合して成就の意義は自利利他の成就をいう。さらに特に知るべしの

具体的な内容を註解することによって、自利と利他の縁起的関係が明らかにされている。しかしながら、両者の関係は単に同一次元で捉えられてはいないようである。利他の方が自利より一段次元が根元的であるといわなければならない。出の第五門の回向義が、親鸞の釈義のごとく、阿弥陀如来本願力の他力回向の義と理解されることに基づいて、入の四種の門による自利の行が成就される場合にも他力回向が根拠とされなければならない。出第五門の「知るべし」の註解にいわれる「利他によるがゆゑにすなはちよく自利す」の自利の内に入四門すべてが含まれることとなり、入出二門全体が阿弥陀如来の他力回向を根拠として展開することとなる。したがって、入出二門それ自体が阿弥陀如来の大悲的活動の具現態であるといわなければならない。

e　三在釈義―在心釈―

曇鸞は、往生論註巻上、総説分、八番問答の第六番に、十念往生と五逆・十悪の繋業とは、業道を広く説く諸経典に「業道は称《はかり》のごとし。重きもの先づ牽《ひ》く」(60)と説かれる業道因果の普遍的道理である「業道」という天秤にかけて、どちらが軽《きょう》か重《じゅう》か、その軽重の義について問う。

ここで問いの内容を分析的に吟味しつつ問意を考察しておこう。

最初に業道を説く諸経典に基づいて「業道は称のごとし。重きもの先づ牽く」という普遍的道理をかかげる。業道因果の道理とは、重い業の方が軽い業よりも先にその果報があらわれてくるものであるという道理である。もしかかる業道因果の道理に準拠するならば、観無量寿経下品下生に説かれる十念往生義は業道因果の道理に抵触するのではないか、というのである。

そこで曇鸞が取意した下品下生の義によれば、五逆・十悪をつくってもろもろの不善業を具せる者は、五逆・十悪の悪業によって悪道に堕し、多劫のあいだ経歴して無量の苦を受けねばならない。しかしながら命が終ろうとする時に臨んで、善知識の教に値遇して、その教えによって南無無量寿仏と称える身とさせていただいた。

このように、心を至して声をして絶えざらしめて、十念を具足してすなわち安楽浄土に往生することができる。かかる事態が、大乗正定の聚に入って畢竟じて悪道にはもはや退転しないという宗教的実存の経験内容にほかならない。それゆえに地獄・餓鬼・畜生の三悪道でうける火・血・刀のもろもろの苦から永く隔たってしまう。以上が下品下生についての曇鸞註解の取意内容である。

以上の取意に基づいて、曇鸞は次のごとき二つの問いをおこしている。

第一の問いは、

先づ牽くの義、理においていかんぞ(61)

と問う。業は重い方が先に報いがあらわれるという業道因果の道理に準拠するならば、下品下生の経説は不条理ではないかという問意である。

第二の問いは、

また曠劫よりこのかた、つぶさにもろもろの行を造りて、有漏の法は三界に繋属せり。ただ十念阿弥陀仏を念じたてまつるをもつてすなはち三界を出づ。繋業の義またいかんせんと欲する(62)

と問う。「繋業の義」という観点からの問いである。

これも業力繋縛の道理に準拠した当然の疑問であろう。われわれは、無始曠劫よりこのかた、無量なるもろもろの悪業をなしてきたが、それらを貫通する「有漏の法」はわれわれをして三界に繋属せしめてきた。しかしながら、下品下生の者は、

ただ十念阿弥陀仏を念じたてまつるをもつてすなはち三界を出づ

という。下品下生の者をして三界に繋縛してきた業力と三界から解脱せしめる業力とはいかなる相違があるのかというのである。

これに答えて、曇鸞は、

軽重の義は心に在り、縁に在り、決定に在りて、時節の久近・多少には在らず(63)

という有名な三在釈を展開する。

第一の在心釈に、

かの造罪の人はみづから虚妄顛倒の見に依止して生ず。この十念は善知識の方便安慰によりて実相の法を聞きて生ず。一は実なり、一は虚なり。あにあひ比《くら》ぶることを得んや(64)。

と註解するところに顛倒の概念が現れている。

下品下生なる造罪人は、自ら虚妄顛倒の見に依止して生ずる。「自ら」というのであるから己れ自身の身口意の三業の総合的行為でもってという意味であろう。他人の身口意の三業ではなく、己れ自身が無始よりこのかた行為してきた身口意の三業の集合体として存在してきた個としての己れ自身である。観無量寿経下品下生にいう「あるいは衆生ありて」・「かくのごときの愚人」とある衆生・愚人の存在を指す。曇鸞は今の第六番問答では下品下生の段を取意する場合、ただ人と表現しているだけであるが、第一番問答では取意ではなく引用文であり衆生・愚人とある。

このような人は、虚妄顛倒の見に依止して生ずるというのである。ここにいう生ずるとは、人が下品下生なる造罪人として生じるということ、すなわち人が下品下生なる造罪人と成るということにほかならないであろう。造罪人と成る、観無量寿経にいう愚人と成るということである。最初から造罪人・愚人が存在するのではない。虚妄顛倒の見に依止するから造罪人・愚人がその見に基づいて生じるのである。

虚妄顛倒の見に依止するかぎり、聖者であれ凡夫であれ、すべて造罪人となり愚人と成る。見といってもただ単に認識論的に心のみの問題にとどまるものではない。生ずというのであるから三界に繫縛せる存在者となるという義がなければならない。人としての存在者は五蘊仮和合であるから、身口意の三業がすべて虚妄顛倒の見に依止して集合体となり、個なる人と現成している。そのような集合体の存在を造罪人・愚人と呼ぶ。

それに対して、十念は善知識が人を方便安慰することによって実相の法をその人に聞かせることから生ずるという。先の造罪人の場合と対比して見ると、造罪人の場合にはみずからによって生ずる存在であったが、今の十念の場合には他者としての善知識が厳然として存在している。善知識無くして十念は成立しない。十念は造罪人においてなされたようなみずからという方向性は完全に遮断され否定されていることに注意すべきである。そこではすでに虚妄顛倒の見は実相の法によって照らされている。人は実相の法を聞くことによって、それまでみずから生起してきた虚妄顛倒の見を自照せしめられているといわなければならない。

実はこのことが方便安慰の具体的な内容であろう。善知識は、あらゆる方便を尽くして、人が深く埋没してきた虚妄顛倒の見をその人自身をして自照せしめ、人はその自照によって虚妄顛倒の見から脱却せしめられる。

したがって、人自身における自照から脱却への転換が聞の具体的な内容である。ここでいわれる十念が生ずるとは、人が善知識の方便安慰に値遇して、実相の法に自照せしめられる南無無量寿仏と称える身へと転換することにほかならない。

以上の註解によって、曇鸞は、十念は実であり、造罪人の虚妄顛倒の見は虚である。どうして両者を比較することなどできようか、全く異質であるといわなければならない、と結論づけるのである。

さらに、曇鸞は譬喩を用いて両者の関係を明らかにする。

たとへば千歳の闇室に、光もししばらく至らば、すなはち明朗なるがごとし。闇、あに室にあること千歳にして去らじといふことを得んや。(65)

というのがそれである。実に巧みな譬喩である。千年ものあいだ闇室であってもそこに光が一瞬でも差し込めば、闇は晴れ明朗となるがごとくという。

虚妄顚倒の見が闇室に喩えられ、実相の法が光に喩えられる。光に照射せられてはじめて闇が闇であったと知られる。闇が闇と自覚されるのは光に照らされた刹那である。照らされることと自覚とは同時である。闇を自覚することによって光を知ることができるともいえよう。しかし、同時に自覚は決して闇の中では起こらない。この場合、自覚とは光に照らされることにほかならない。人が十念たる南無無量寿仏と称える身へと転換することは、光によって闇が晴れ明朗となることであると同時に、闇が闇として自覚されることと切り離せない。これはまさしく二種深信の構造であり、信心獲得の実存的宗教経験の構造である。

曇鸞の在心釈は、造罪人が虚妄顚倒の見に依止している存在から実相の法を聞く十念の存在へと根元的に転換していることを明らかにするものであった。単に実と虚を並列的に比較するのではない。

曇鸞自身も「あにあひ比《くら》ぶることを得んや。」といっているのはそのことを意味している。本来相互に比較するなどできない両者である。光と闇のごとく、両者は並列的・対象論理的・実体論的に比較することはできない関係である。

f　四顚倒

往生論註巻下、解義分、名義摂対章に四顚倒として顚倒の概念がつかわれている[66]。先ず、曇鸞は一切の諸法にはすべてそれぞれに独自の障礙の相があるという普遍的な自然現象の事実を例示する。たとえば、風がふけば静寂は遮断され騒擾となる。土は水の流れをせきとめる。湿は火が燃えるのをさまたげる。それらと同じように、五悪・十悪という悪業は人・天の果報をうけることをさまたげる。無常・苦・無我・不浄であることを逆に常・楽・我・浄であると錯誤するいわゆる四顚倒と呼ばれる見方は声聞の果をさまたげる。

今浄土論にあげられる三種の法すなわち我が心自身に貪着する心と無安衆生心と自身を供養恭敬する心は、菩提をさまたげる根本契機である。これら三種の心を遠離しなければならない。

したがって、かかる心からの不遠離は菩提を障ふる心であるという。

g　真の言は、虚偽ならず顚倒せず

名義摂対章をしめくくって、曇鸞は、

この三種の心、清浄にして増進するを、略して妙楽勝真心となす。妙の言は、それ好なり。この楽は仏を縁じて生ずるをもつてのゆゑなり。勝の言は、三界のなかの楽に勝出せり。真の言は、虚偽ならず顚倒せず(67)。

と註解する。ここにいうこの三種の心とは浄土論(68)にいう無染清浄心、安清浄心、楽清浄心の三種であり、浄土論ではこれら三種の心は「一処に略して妙楽勝真心を成就す(69)」と簡単に説かれているだけである。しかし、「一処に」を受けて、曇鸞は「清浄にして増進するを略して妙楽勝真心となす。」と註解を施した。曇鸞解釈における清浄増進に注目したい。三種の心（三心）である無染清浄心、安清浄心、楽清浄心が清浄にして増進して行き、ついには妙楽勝真心と呼ばれる一心を成就するというのである。

「清浄」は、三種の心に共通する概念である。したがって「清浄にして」というのは三種の心すべてが普遍的に清浄化の特性を発揮する心性であり、三種の心各々が菩提の処として現成する。ここに曇鸞が「処」という概念を用いて表出せしめんとした当のものは何を具体的に指示しているのであろうか。処の字義を見ると、（1）いる。そこに落ち着く。外に出ないで家にいる。（2）然るべく決める。とりさばく。（3）ところ。場所。[70]という。

往生論註当該箇所では、直前に、三種の心それぞれについて、それが何故菩提門に順ずるのかの理由として、第一の無染清浄心が順菩提門であるのは、元来、菩提はこれ無染清浄の処であるからだと曇鸞はいう。もしわが身自身の利益を欲して楽を希求するようなことがあれば、障菩提門にいう自楽を求め我心の自身に貪着する心以外の何ものでもない。それは菩提の本来的意義に相違する心である。菩提の本質が無染清浄の処であるから無染清浄心は菩提門に順じ相応する心でなければならない。

これは菩提をして菩提たらしめている本来的な自性としての体のうえで捉えられた心であるといえるであろう。しかし、ここにいう自性とは実体的な自性ではなく、つねに障菩提門の三種の心を無染清浄ならしめる動性である。智慧門によって湧出し生起してくる心である。

このことにおいて、曇鸞が何故「処」という概念を用いたか、その意図が見出されるのではなかろうか。「処」が単に場所的空間（事実、曇鸞自身処を阿弥陀如来の安楽国土を表象する概念として使用している。たとえば、仏本この荘厳清浄功徳を起したまへる所以は、衆生を不虚偽の処、不輪転の処、不無窮の処におきて、畢竟安楽の大清浄処を得しめんと欲しめす[71]三界のほかに、浄土を除きてまた生処なし。ここをもつてただ浄土に生ずべし[72]願はくはわが国のうちには無量の大菩薩衆ありて、本処を動ぜずしてあまねく十方に至りて種々に応化して、如実に修行してつねに仏事をなさん[73]という。）の意味だけにはとどまらず、先にあげた動詞の字義（1）（2）（3）すべてが含意されているような統合的で動的統一の処でもあると理解するならば、浄土論の「一処に」を受けて、曇鸞が「清浄にして増進」と註解するときの増進の義が具体的に明らかになってくるであろう。

次の第二の安清浄心が順菩提門であるのは、菩提はこれ一切衆生を安穏にする清浄処なるがゆえであるという。もし心を用いて一切衆生を救い生死の苦しみを離れさせないということになれば、そのような心は障菩提門にいう一切衆生の苦を抜かず、衆生を安んずることなき心にほかならぬ。菩提は一切衆生をつねに安穏にせしめる清浄処であるから安清浄心は菩提門に順じ相応する心であるという。清浄処なる菩提が一切衆生を安穏にするという用のうえから捉えられた心である。慈悲門によって湧出し生起する心である。

曇鸞は「安穏」という概念を往生論註では今の箇所を含めて二箇所に使用している。他の一箇所は、浄土論の文「いかんが礼拝する。身業をもつて阿弥陀如来・応・正遍知を礼拝したてまつる」に出る阿弥陀如来の三号如来・応・正遍知を註解するところである。その最初の如来を定義して、如来とは、法相のごとく解り、法相のごとく説き、諸仏の安穏道よりくるがごとく、この仏もまたかくのごとく来りて、また後有のなかに去らず。ゆゑに如来と名づく[74]という。曇鸞の註解によれば、如来とは、諸法の実相を如実に悟解し、諸法の実相を如実に説法し、諸仏が法性一如より現れくるごとく、阿弥陀如来も法性一如より来って、さらに二度と迷いの生有の中に去らない。それゆえに阿弥陀如来を如来と名づけるのだという。

安穏道という言葉は、七祖全撰述においてここにのみ現れる概念である。なおちなみに安穏という表現も浄土三部経の全漢訳のなかで正依の大無量寿経に二回使われているだけである。巻上正宗分法蔵発願讃仏偈に「我当哀愍　度脱一切　十方来生　心悦清浄　已到我国　快楽安穏[75]」と説かれ、弥陀果徳には「彼仏国土　清浄安穏　微妙快楽　次於無為　泥洹之道[76]」とある。これら両例とも心悦清浄快楽と緊密な関係を持ち阿弥陀如来の仏国土の特性を表象する概念であることが知られる。弥陀果徳の文においては仏国土が泥洹之道と同義異語として使われており、先の安穏道と同義であるといえるであろう。

第三の楽清浄心が順菩提門であるのは、菩提はこれ畢竟常楽の処であるからだという。もし一切衆生をして畢竟常楽を得しめないということになれば、そのような心は障菩提門に説かれる一切衆生を憐愍するごとき心は微塵もなく、自身を供養し恭敬することにのみ専念するような心にほかならない。楽清浄心は一切衆生をして畢竟常楽を得しめるか否かにかかわる菩提獲得への必然的畢竟性をもたらす心である。それは名義摂対章において浄土論の文一処に略して妙楽勝真心を成就すを曇鸞がこれ我心を遠離すると、無安衆生心を遠離すると、自供養心を遠離するとなり。この三種の心、清浄にして増進するを略して妙楽勝真心となす[77]と註釈した清浄にして増進することを必然的転換ならしめる契機といえよう。それゆえに方便門によって湧出し生起する心であるといわなければならない。

浄土論に、楽清浄心が、「一切衆生をして大菩提を得しむるをもってのゆえ」（自利）と「衆生を摂取してかの国土に生ぜしむるをもってのゆえ」[78]（利他）という二つの根本契機に基づく心であるといわれる所以である。さらに、曇鸞は「この畢竟常楽は何によりてか得る」[79]と畢竟常楽獲得の方便を問う。曇鸞は、これにこたえて大乗門によるのであるとし、大乗門とは「阿弥陀如来の安楽仏国土これなり[80]」という。

曇鸞は名義摂対章において妙楽勝真心の楽の一字をとりあげて、楽の字義を考える場合、三種の義があるという[81]。

第一には外楽の義で五識所生の楽である。眼・耳・鼻・舌・身という外へ向かう前五識から生起してくる楽。

第二には内楽の義で、色界四禅のはじめの三禅である初禅・二禅・三禅の禅定における喜びを指す。それらは第六識の心の内なる意識所生の楽である。この楽は色界における三禅であるから、三界のうちで欲界をすでに超脱した清浄なる世界における楽である。以上の外楽内楽については、大智度論巻三一[82]によったものである。

第三には、法楽楽《ほうがくらく》の義で智慧所生の楽である。智慧所生の楽は仏（阿弥陀仏）の功徳を愛することより起こる楽であると曇鸞は註解している。ここにこそ曇鸞は妙楽勝真心の楽が何を意味しているかを明らかにせんとした意図がある。従愛仏功徳起の楽であるというのである。阿弥陀如来の功徳を愛するという愛のうちに阿弥陀如来の智慧より生起してくる楽がある。愛する者は浄土願生者である。しかも阿弥陀如来の功徳を愛するという。このような愛は当然ながら煩悩貪欲の愛欲ではない。しかしながらわれわれ凡夫が起こすような愛は、煩悩の貪欲にまみれた愛欲に根差さないような愛はないであろう。たとえそのような愛欲から生起してくるごとき愛であれ、かかる愛が何にむかってなされるかその対象によって愛は変化し転換されるであろう。われわれ凡夫が阿弥陀如来の功徳を愛するとき、われわれ自身の愛欲に根差しながらも阿弥陀如来の功徳がわれわれ凡夫の愛欲を次第に清浄化して行くであろう。

われわれ願生者が阿弥陀如来の功徳を愛することより生起せる楽というわれわれの宗教的実存のうちに、我心を遠離するところに開示されてくる無染清浄心と、無安衆生心を遠離するところに開示されてくる安清浄心と、自供養心を遠離するところに開示されてくる楽清浄心という、三種各々の遠離においておのずと新たに三種の心が現成してくる。これらの三種の心が清浄にして増進する心を略して妙楽勝真心となすと曇鸞は註解する。

われわれ願生者が阿弥陀如来の功徳を愛するという宗教経験のうちに開示されてくる三種遠離の成就こそ清浄にして増進するプロセスが成就することであり、かかる義が浄土論にいう「向《さき》に無染清浄心、安清浄心、楽清浄心を説けり。この三種の心は、一処に略して妙楽勝真心を成就す」という妙楽勝真心の成就にほかならない。増進といわれる動的転換は三種の心を構成する根本契機となっている無染安楽によってもたらされるといわなければならない。

さらに曇鸞は妙楽勝真心の妙の概念について、「それ好なり。この楽は仏を縁じて生ずるをもつてのゆゑなり。」と註解している。妙とは好という意味であり、この楽は阿弥陀如来の功徳を縁じて生起するからであるという。

また、妙好といえば、曇鸞入寂後およそ七〇年経って、唐が興る五年前に世に生れた善導が観経疏散善義のなかで、観無量寿経流通分、付属持名において釈尊が阿難に告げた言葉

もし念仏するものは、まさに知るべし、この人はこれ人中の分陀利華《ふんだりけ》なり。観世音菩薩・大勢至菩薩、その勝友となる。まさに道場に坐し諸仏の家に生ずべし(83)。

を釈した著名な五種嘉誉が想起されるであろう。善導はその部分を、

まさしく念仏三昧の功能超絶して、実に雑善をもつて比類となすことを得るにあらざることを顕す。すなはちその五あり(84)。

と註釈して、その第三に、

もしよく相続して念仏するものは、この人はなはだ希有なりとなす、さらに物としてもつ

てこれに方《なら》ぶべきなし。ゆゑに分陀利《ふんだり》を引きて喩《たと》へとなすことを明かす(85)。

という。

さらに、譬喩として出された分陀利を釈して、

分陀利といふは、人中の好華と名づけ、また希有華と名づけ、また人中の上上華と名づけ、また人中の妙好華と名づく。この華相伝して蔡華《さいけ》〔千葉の白蓮華〕と名づくるこれなり。もし念仏するものは、すなはちこれ人中の好人なり、人中の妙好人なり、人中の上上人なり、人中の希有人なり、人中の最勝人なり(86)。

という。いわゆる五種嘉誉の釈である。

以上のごとく、観無量寿経流通分、付属持名ならびに善導によるその註釈全体の文脈を通して、妙好という概念がいかなるニュアンスで理解されてきたか想像できる。今も曇鸞が妙楽勝真心の妙の字義から好の義を抽出したことは、単に辞書的な註解にとどまるものではなく、法楽楽が智慧所生の楽であり、この智慧所生の楽は、阿弥陀如来の功徳を愛するより生起した楽であり、特に妙の言は好であるといわれる根元的な真実義が、この楽は「仏を縁じて生ずるをもつてのゆゑなり」と註解した曇鸞の宗教的実存と善導のそれとが感応道交しているといえる

のではあるまいか。

曇鸞は、次に勝とは三界のなかの楽に勝出する義をもち、真とは虚偽ならず顛倒せずという義であると註解したのも、妙楽勝真心がまさしく阿弥陀如来の功徳を愛するより生起せる智慧所生の楽であるからにほかならない。

このことは、親鸞高僧和讃曇鸞讃の次のごとき二首 no. 41・42 の和讃に明らかに讃嘆されている。

名号不思議の海水は　逆謗の屍骸もとどまらず
衆悪の万川帰しぬれば　功徳のうしほに一味なり　no. 41
尽十方無碍光の　大悲大願の海水に
煩悩の衆流帰しぬれば　智慧のうしほに一味なり　no. 42(87)

ここに詠われている、「衆悪の万川帰しぬれば」、「煩悩の衆流帰しぬれば」の帰こそ、阿弥陀如来の功徳を愛する愛にほかならない。

C　往生論註における愛

愛の表現について、往生論註全体では以下の文脈で使われている。参考までにそれらを瞥見しておきたい。

a　愛欲をもつてのゆゑにすなはち欲界あり(88)

浄土論の偈頌「正道大慈悲出世善根生」を曇鸞は荘厳性功徳成就と名づけ、阿弥陀如来が「本なんがゆゑぞこの荘厳を起したまへる」のかその理由に、ある国土を見そなわすと、愛欲を存在論的根拠として欲界が存在し、攀厭《へんえん》禅定(89)を存在論的根拠として色・無色界が存在する。これら三界はすべて有漏の世界存在であり、邪道の所生にほかならない。

愛欲は欲界世界存在の根元的契機であり、他の色界・無色界の世界存在とも通底する有漏 sāsrava の状態を現出する。Āsrava は漏・流・愛欲などと漢訳されるが、原義は水門、流出するもの、木よりの搾取液や花の分泌液から作る酒を意味し、またパーリ語 Āsava と同義で心を擾乱させる特殊なる想念、苦悩（kleśa）をいう(90)。有漏の「有」義が、小乗では随増をいい煩悩を随順し増長する法を指し、大乗では倶をいい煩悩と倶生倶滅して互いに増益する法を指

すように、愛欲は煩悩とともに増大する。(91)
なお、南伝大蔵経(92)では、愛欲のパーリ語として ejā（動、動著）、kāma（欲、愛楽、欲愛、欲念、欲楽、楽欲）、kāmacchanda（欲貪、欲欲）、kilesa（煩悩、染、欲念）、taṇhā（愛、渇愛）が使われている。また、愛欲の義と密接にかかわるパーリ語として「愛欲における邪行〈者〉」kāmesu micchācāro（欲邪行、愛慾、邪欲行）、「愛欲の生起」taṇhā-bhava（愛有）、「愛欲の楽」kāma-sukha（欲楽）、「愛欲の漏」kāmāsava（欲漏）などがここでは注目されるであろう。

b　仏法味を愛楽し禅三昧を食となす

「仏法の味はひを愛楽し禅三昧を食となす。(93)」という浄土論偈頌の二句を曇鸞は荘厳受用功徳成就をたたえるものであると註解(94)した。ここに「愛楽」という表現が使用される。浄土三部経においては、以下のごとくである。

一　仏如好花樹　莫不愛楽者　処処人民見　一切皆歓喜。(95)

二　得聞如是種種声已、獲得広大愛楽歓悦、而与観察相応、厭離相応、滅壊相応、寂静相応、辺寂静相応、極寂静相応、義味相応、仏法僧相応、力無畏相応、神通相応、止息相応、菩提相応、声聞相応、涅槃相応[96]。

三　他方仏国所有衆生、聞無量寿如来名号乃至能発一念浄信歓喜、愛楽所有善根回向、願生無量寿国者、随願皆生得不退転乃至無上正等菩提、除五無間誹毀正法及謗聖者[97]。

四　作是思惟時、能集能見、一切諸法皆無所得、以方便智修行滅法、善知取捨理非理趣、於理趣非理趣中、皆得善巧。於世語言心不愛楽、出世経典、誠信勤修。善巧尋求一切諸法、求一切法、増長了知。知法本無実不可得、於所行処亦無取捨、解脱老病住諸功徳[98]。

五　威福具足、相好端厳、智慧弁才善根円満。目浄脩広人所愛楽、其身清潔遠離貢高、以尊重心奉事諸仏、於諸仏所植衆善本、抜除驕慢、離貪瞋痴、殊勝吉祥、応供中最[99]。

四の経文は大乗哲理に通じる。四と同様、五の経文も、極楽界のもろもろの菩薩衆が説くところの「語言」は、一切智と相応して受用するところみな摂取することがないと説き始められる段における菩薩衆の描写である。

また、弥勒に付属する段にも、

六　阿逸多、是故告汝及天人世間阿修羅等、今此法門付嘱於汝。応当愛楽修習、乃至経一昼夜受持読誦生希望心、於大衆中為他開示。当令書寫執持経巻、於此経中生導師想[100]。

と、愛楽修習すべきことが要請されている。また、荘厳経では、

七　復次阿難、今此光明名無量光・無礙光・常照光・不空光・利益光・愛楽光・安隠光・解脱光・無等光・不思議光・過日月光・奪一切世間光・無垢清浄光。如是光明、普照十方一切世界。(101)

と、阿弥陀如来の光明の名を十三光あげるなかに、愛楽光が六番目の光明として説かれている。ここに利益・愛楽・安隠・解脱という四つの概念が連続して光明の本質的な救済能動を表象しているところに、阿弥陀如来の光明がわれわれ凡夫存在を照らすとき、われわれに利益を回施する光明が愛楽光と名づけられる義とは、愛楽という阿弥陀如来の名が同時にわれわれをして安穏ならしめ、必然的に解脱へといたらしめるという相互に密接な関係を示しているといえる。

さらに、阿弥陀経の玄奘訳である称讃浄土仏摂受経では、

八　舎利子、彼仏土中有如是等衆妙綺飾功徳荘厳、甚可愛楽。是故名為極楽世界。(102)

九　四宝荘厳甚可愛楽(103)

一〇　七宝荘厳甚可愛楽(104)

一一　舎利子、彼仏土中、有如是等衆妙綺飾功徳荘厳、甚可愛楽。是故名為極楽世界。(105)

一二　又舎利子、極楽世界浄仏土中、自然常有無量無辺衆妙伎楽。音曲和雅甚可愛楽。諸有情類、聞斯妙音、諸悪煩悩悉皆消滅、無量善法漸次増長、速証無上正等菩提。舎利子、彼仏土中、有如是等衆妙綺飾功徳荘厳、甚可愛楽。是故名為極楽世界。(106)

これらのほかにも、さらに同様の趣旨で、愛楽が八回ほどあらわれる。浄土三部経全漢訳のなかでは、称讃浄土仏摂受経に最も多く訳出されているが、ほとんどが浄土の功徳荘厳を「甚可愛楽」すべきであり、それゆえに、名づけて「極楽世界」となすのだという。

浄土の功徳荘厳相を積極的に愛楽すべきであることが主張されている。われわれ凡夫存在にとって浄土世界を構成している功徳荘厳の諸相は、愛楽すべき対象として凡夫の機根に相応して説かれていると見るべきであろう。しかし、かかる愛楽は決して凡夫をして愛着・執着へと誘引するものではない。

以上、浄土三部経にあらわれる愛楽の概念を概観してきたが、これらの用例は、宇井伯壽博士が、愛楽を定義づけされた「信愛し楽欲する謂。世間・出世間の善法を信じ楽ふこと(107)」という基本的な原義が、すべての例に共通なる意味として根柢にあると理解できよう。

ところで、南伝大蔵経に目を移すと、水野弘元博士は、そこにあらわれるabhinandana、

kāma、pema の三語を、「愛楽」にかかわる用語としてあげておられる。[108]

c　人天の見るもの、増上の信、増上の恭敬、増上の愛楽、増上の修行を生ぜず

これは浄土論偈頌「無量大宝王、微妙浄華台[109]」を曇鸞が仏の第一荘厳「荘厳座功徳成就」として註解した箇所[110]である。何故阿弥陀如来はこの荘厳座功徳を成就せんとして発願したもうたのであろうか。それはある菩薩を見そなわしたところ、「末後の身」（菩薩が成仏する直前の身であり、それは無明の闇が晴れ迷妄が滅尽する最後の身である。たとえば、釈迦如来が苦行六年の行が完了しまさに成仏せんと欲して道場に坐す身が「末後の身」といわれる。）において、草を敷きて坐して阿耨多羅三藐三菩提を成じたまふ（大無量寿経証信序「八相化儀」には「吉祥、感徴して功祚を表章す。哀れんで施草を受けて仏樹の下に敷き、跏趺して坐す[111]」という。これを慈恩は「坐道場身[112]」と名づけている）。人間や天上のものは、これを眺めても、すぐれた信も、すぐれた恭敬も、すぐれた愛楽も、すぐれた修行も起こらない。

そこで、法蔵菩薩は、釈迦菩薩のごとく草を敷いて坐すとするような、人天をして「増上の信、増上の恭敬、増上の愛楽、増上の修行を生ぜしめないごとき」坐ではなく、「われ成仏す

る時、無量の大宝王の微妙の浄華台をして、もつて仏の座となさしめん(113)」と発願したもうたというのである。

無量の大宝王の微妙の浄華台が草座と対比されている。無量の大宝王の微妙の浄華台という言葉は、浄土論の偈頌そのままの表現であるが、宝と草という二つのもの〈間〉にはわれわれ世俗的世界における価値基準が見出されるであろう。名もなき雑草と希少で高価な珍宝とでは、欲界の人天たちにとっては「増上の信、増上の恭敬、増上の愛楽、増上の修行」を生起せしめるのは後者の方であろう。無量の大宝王の微妙の浄華台については、曇鸞は法蔵菩薩の発願を述べた直後に「無量」という概念のみを取りあげて、観無量寿経華座観の大半を長引して註解している。

観無量寿経の原文と曇鸞所引の文とのあいだに若干の相違が見られる。原文では「七宝の地上において蓮華の想をなせ」とあるが、引文では「七宝の地の上に大宝蓮華王の座あり」という。原文でも華座観であるから「蓮華」の華が引文では「大宝蓮華王」という名の座のことを指すものと取意されたのであろう。また、原文「想をなせ」の部分は略されているが、往生論註においても観察門であるから当然原文の義は含意されている。往生論註では座功徳として引用されているのであるから、観無量寿経の原文に浄土論偈頌「無量大宝王、微妙浄華台」から合成した「大宝蓮華王」という概念をもって座名とした。

草台と大宝蓮華王台とでは、人天は当然後者の方に「増上の信、増上の恭敬、増上の愛楽、増上の修行」を起こすであろうが、観無量寿経原文の文脈にもどして見ると、華座観は他の想観にはない重要な出来事が説かれている。それは無量寿仏が「空中に住立したまふ」という出来事である。かかる出来事が起こったその「時」は単に偶然的なハプニングなどではない。釈尊が阿難および韋提希ふたりに「あきらかに聴け、あきらかに聴け、よくこれを思念せよ。仏、まさになんぢがために苦悩を除く法を分別し解説すべし。なんぢら憶持して、広く大衆のために分別し解説すべし。[114]」と告知したまさにその「時」であった。

ちなみに「諦聴諦聴善思念之」と釈尊が阿難および韋提希に要請するのは、今の場合と正宗分定善第一観日観が説きはじめられる最初の言葉に「諦聴諦聴善思念之」と発声したもうた時と二回のみである。その意味からも華座観は特に重視されるべきであろう。単に「聴け」というだけではなく「よくこれを思念せよ」という。まさに聴聞思念である。また「聴」の解字によれば、形声文字で耳＋悳＋壬からなる。悳はまっすぐな心で音符の壬（テイ）は突き出すことをいう。すべてあわせると「耳を突き出し、まっすぐな心でもって、よく聴くこと」を意味する。ちなみに「聞」の解字は門＋耳で、音符の門は問うことをいい、聞はたずねて聞くこと。「聴」と対比すれば、聞は自然に耳に入ることをいうが、聴は耳を傾けて注意して聴くことをいう。

その上、釈尊が阿難および韋提希に「諦聴諦聴」と注意を喚起したもうた内容が自利利他という大乗菩薩道の核心であった。韋提希ひとりに対して「まさになんぢがために苦悩を除く法を分別し解説すべし」と自利を釈尊が分別解説し、阿難および韋提希ふたりに対して「なんぢら憶持して、広く大衆のために分別し解説すべし」と利他を勧める。この場合、利他とは、阿難および韋提希がともに「除苦悩法」をそれぞれ自身の心底に憶念し保持して、ひろく一切衆生を救済するために阿難および韋提希が分別解説せよというのである。ここで同じ「分別解説」という表現を用いながら前者では釈尊が行なう分別解説であり、後者では阿難および韋提希が行なう分別解説である。

ところで、ここに「末後の身」をひとつのキーワードとして推考するとき、「増上の信、増上の恭敬、増上の愛楽、増上の修行」という成仏するための四つの重要な契機である信・恭敬・愛楽・修行が出されているといえるのではなかろうか。

これらを成仏へとわれわれを深化せしめていく必然的なプロセスを形成する四つの契機と見るとき、信は能入の信であり、それが次第に恭敬の念にまで深まり、さらにわれわれ自身の心底にまで響くには愛楽されなければならない。そこにはじめて不断なる修行が実践されるようになるであろう。

d　菩薩の功徳を愛楽すること

もし人、名を称して憶念するもの、帰依するもの、観察するものは、法華経の普門品に説くがごとく、願として満たざることなし。しかるに菩薩の功徳を愛楽することは、海の、流を呑みて止足の情〔満ち足りた気持ち〕なきがごとし。(115)

この文は、浄土論偈頌「安楽国清浄　常転無垢輪　化仏菩薩日　如須弥住持(116)」より曇鸞が「次に安楽国のもろもろの大菩薩の四種の荘厳功徳成就を観ず(117)」と捉えて註解してゆくところである。ここで曇鸞は「大菩薩の四種の荘厳功徳成就」の註解に入る前提として重要な問答を施設している。

問いは「如来（阿弥陀仏）の荘厳功徳を観ずるに、なんの闕少《けっしょう》せるところありてか、また〔浄土の〕菩薩の功徳を観ずることを須《もち》ゐるや(118)」と問う。これより先に阿弥陀如来の荘厳八種の功徳を観察してきたにもかかわらず、一体それらにどのような欠如する所があって、仏荘厳八種の功徳の上に、さらにまた、浄土のもろもろの大菩薩の四種荘厳功徳成就を観察しなければならないのであろうか、という問意である。

通常ならば如来の功徳だけで充分であろう。それにもかかわらず何故菩薩の功徳まで観察しなければならないのか。それは如来の功徳を過小評価するものとはならないのか。阿弥陀如来の絶対他力性を明らかにせんとする曇鸞の註解において、このことは重要であり看過できない教学的な問題である。

これに曇鸞は答えて、先ず譬喩を提示する。「明君ましますときにはすなはち賢臣あるがごとし。堯《ぎょう》・舜《しゅん》の無為と称せしは、これその比《たぐい》なり(119)」世情を的確に把握し民衆の人心を見抜ける炯眼をもっている聡明叡智なる明君が存在するときには、かならずまた臣下には賢良なる賢臣が仕えるものであるという国政のあるべき理想的な「明君と賢臣の関係」が第一の譬喩としてあげられている。具体的には、明君の最も典型的な中国古代の伝説上の聖王として崇められる三皇五帝のひとりである堯王とその禅譲（古代中国で正当とされた王朝交代の二方法のひとつで、世襲によらずに王位を有徳者に譲る方法。他の方法は「放伐」といい徳のない君主を倒すやり方をいう。）をうけて聖天子となった舜王との二代にわたる世が、それぞれすぐれた臣下（堯には義仲・義叔・和仲・和叔の四嶽。舜には皐陶・伯益・禹・稷・契の五臣。）をもっていたので、王みずからは何事もしないで天下を無事太平・平和に治めることができたといわれる。今も阿弥陀如来と大菩薩方との関係も、そうした「明君と賢臣の関係」のごとき類である。

それを曇鸞は合法して、「もしただ如来法王ましませども、大菩薩の法臣なからしめば、道を翼讃するにおいてあに満つといふに足らんや(120)」という。浄土世界において、もしただ阿弥陀如来の法王だけがましまして、その下に大菩薩方の法臣がいなかったならば、如来の衆生済度の「活動」も、鳥の両羽のごとく互いに助けあうことにおいて満足するようなものではなかったのではあるまいかと曇鸞はいう。

このような意味おいて、阿弥陀如来の存在は、浄土仏教思想において、決していわゆる全知全能なる神のごとき存在ではない。ただ注意を要することは先の譬喩において、「明君と賢臣の関係性」を「無為」という概念をもって表現されていることである。賢明なる臣下がおれば、王みずからは何事もしないで天下を無事太平・平和に治めると解釈したが、決して王が手を拱いていることでもなければ、臣下が勝手気ままに国政を統治するようなことを意味しているのでもない。無為なる関係とは、明君と賢臣が感応道交して、明君の心と賢臣の心とが自然法爾として不一不二・相即相応している根元的に平等一如なる関係をいう。

次に第二の譬喩「薪積小火不大」として、大智度論巻十一序品「復次、財施有量、法施無量。財施有尽、法施無尽。譬如以薪益火、其明転多」[121]に基づいて、「薪を積みて小《すく》なきときには、すなはち火大きならざるがごとし」というわずか短い一文が次に説示される。最初は薪が少なく積んであれば火は小さいが、さらに薪を次々と補充添加して行けば火は次第に拡大するという喩えである。

譬喩を曇鸞は次のごとく経証をもって合法する。「阿弥陀仏国に無量無辺のもろもろの大菩薩あり。観世音・大勢至等のごときは、みなまさに一生に他方において次いで仏処に補すべし」と、大経・阿弥陀経を取意して引用する。[122]曇鸞の合法において重要な点は、阿弥陀如来のほかに大菩薩方が要請される理由が、一生補処の菩薩位のうちに見出されている点である。無量無辺なる大菩薩方が阿弥陀如来の浄土にはおられるが、その中でも特に観世音菩薩・大勢至菩薩などのような方は、みなひとたび、無仏の他方仏国土に出現して「次に仏の位をおぎなう」という、阿弥陀如来と同等の化益を施したもう。

さらに、曇鸞は大菩薩方の阿弥陀如来と同等の化益の功徳を一切衆生が「愛楽」するという宗教的実存における経験がいかなるものであるかを明らかにする。それが本項目の最初に引用した文である。もし人がその名を称え、これを心に憶念するもの、帰依するもの、観察するものは、法華経の普門品に「願として満足しないことはない」と説かれてあるとおりである。しかるに菩薩が功徳をこのむことは、海がすべての川の流れを受けて、これで足りたという心がないのと同じである。

また、先の曇鸞註解の引用文に引き続いて、釈迦牟尼如来と盲目の比丘阿那律との対話が引用される(123)。ある時、比丘が「たれか功徳を愛するもの、わがために針を維《つな》げ」というのを聞かれ、その時、如来は禅定より起って、比丘のもとに来到して「われ福徳を愛す」と語りたまい、遂に比丘のために針に糸をつながれたのである。その時に失明の比丘が密かに仏語の声「われ福徳を愛す」を聞いて、驚きかつ喜んで釈迦牟尼如来に申し上げた。「世尊よ、世尊の功徳はまだ満足ではありませんか」と。如来は次のごとく答えられた。「わが功徳はすでに充分円満しており、さらにその上に何ら求めるところはない。ただ、わがこの身は功徳より生じたのだ。その功徳の恩分を知るから、それゆえにこれを愛するのである」と。「われ福徳を愛す」とはそのような意味であった。ここにも仏教での真実なる「愛」がいかなる意味概念であるかが知られるであろう。

e　荘厳触功徳成就

荘厳触功徳成就とは、偈に「宝性功徳草柔軟左右旋触者生勝楽過迦旃隣陀」[124]といへるがゆゑなり。これいかんが不思議なる。それ宝の例は堅強なり。しかるにこれは柔軟なり。触の楽は着すべし。しかるにこれは道を増す。事は愛作に同じ。なんぞ思議すべきや。菩薩あり、愛作と字く。形容端正にして人の染着を生ず。経（宝積経・意）にのたまはく、「これに染するものは、あるいは天上に生じ、あるいは菩提心を発す」と。[125]

この文は、往生論註巻下、荘厳触功徳成就の不思議性を註解する箇所であるが、愛作という菩薩の名として愛の文字があらわれている。当然ながら菩薩の名であるから固有名詞として使われているのであるが、愛作という二字は教義内容をも指し示していると見るべきであろう。

すなわち、愛着の念をいだいて作《な》すること、煩悩を起すことである。今の場合、菩薩自身が煩悩をおこすのではなく、愛作と名づけられた菩薩に出遇う者が愛着を起こせしめられるのである。

曇鸞の註解によれば、荘厳触功徳成就が何故不思議であるのかといえば、通常金銀のような宝石類は堅くて強い、しかし浄土の宝玉は柔軟である。これに触れて楽の念を懐く者は執着するはずであるが、愛着の心が逆に仏道を増進させる。そのことは愛作菩薩に執着の心をもった者と同じであるという。このような事態がわれわれにどうして思議することができようか、というのである。

愛作菩薩については、曇鸞は、大宝積経巻一〇六「大乗方便会」（大乗方便経）（東晋竺難提訳）の「これに染するものは、あるいは天上に生じ、あるいは菩提心を発す(126)」という取意の経文に基づいて、以下のごとく註解している。

愛作となづける菩薩があった。容姿端麗で、彼に接する者はだれも愛着の煩悩染着《ぜんじゃく》を起こした。しかし、大乗方便経によれば「これに執着する者が、かえってよい心を起こさしめられて、あるいは天上界に生まれ、あるいは菩提心を起こした」と説かれている。曇鸞はここでは簡明に、大乗方便経を取意して経文を引用するのみであるが、愛作菩薩の実例は大乗方便経に具体的に次のごとく説示されている。

愛作菩薩が舎衛城へ乞食に出かけた時、ある長者の家に至った折、長者の娘徳増は愛作菩薩を一目見るなり染着の心が起こり婬欲の情が盛んとなり、欲火のために身も心も焼かれ、ついに命を落としてしまったが、三十三天に生じたといわれる。さらに長者夫婦ならびに眷属五百人もともに仏の説法を聞くことができた縁にめぐまれ菩提心を発こしたという(127)。

われわれがたとえ愛作菩薩の容姿端正に染着(われわれの心が認識対象に奪われ染み付いてしまい離れられなくなったこと)しようとも、愛作菩薩の存在は、そのような日常的環境のもとでは、当然ながらわれわれ凡夫は執着の心を懐いてしまうであろうが、そのようなネガティヴな心が、かえって仏道入口へと導き入れるひとつのポジティヴな機縁と捉えられ、願作仏心・度衆生心をわれわれの心底に生起せしめる方便として教導する存在となるというのである。

愛作菩薩の存在の背後には釈尊の説法があり、また菩薩自身の布施行乞食の実践があることを忘れてはならない。そのような「説法と乞食」を通してはじめて長者の娘徳増、さらには長者夫婦ならびに眷属五百人も、あるいは天上に生じ、あるいは菩提心を発すことができたのであり、ネガティヴな心が、かえって仏道入口へと導き入れるひとつのポジティヴな機縁となり得たといわなければならない。

iv 大三昧力

第四の仏力が大三昧力である。三昧の概念を理解するために浄土三部経におけるその意義を考えてみたい。

A 空・無相・無願三昧

大無量寿経序分証信序に大乗菩薩道を成就せる菩薩存在の特徴を種々説示する経説として、声聞・縁覚の地を超越して、空・無相・無願三昧を得たり。よく方便を立して三乗を顕示す。この中下〔声聞・縁覚〕において、しかも滅度を現ずれども、また所作なく、また所有なし。不起・不滅にして平等の法を得たり。無量の総持、百千の三昧を具足し成就す。(128)

という文がある。そこでは空・無相・無願三昧の三解脱門〔三三昧〕が説かれる。われわれが解脱せんとするときに要請される必修の三種のサマーディ samādhi である。最初に空三昧

śūnyatā-samādhi が修される。一切法が空であると観察するサマーディである。

一切もろもろの存在を構成する諸要素には、他と全く無関係に存在するような実体不変的で孤立せる自性 svabhāva なるものがないと観察する行法である。一切法は縁起的存在であると観察するのである。無自性空は大乗仏教思想における核心的な存在論である。

空・無相・無願三昧は、大無量寿経では大菩薩のみが実践し成就することができる行法として説かれるのであるが、現代世界においてかかるサマーディによる深い思惟を通して感得されてくる存在論は、重要な哲学的な意義を担っている世界観であるといわなければならない。日常的生活をいとなむわれわれの自覚的行為においても、努力目標としてこころがけなければならない実践法ではあるまいか。このことは次の第二・第三のサマーディにおいても同様である。

第二に無相三昧 ānimitta-samādhi であるが、一切法が空無自性であると観察したならば、一切法には実体的で「実有」なる差別相は必然的に分別されないであろう。それが一切法は無相であると観察するサマーディである。実体的な有への執着を否定せんとするサマーディである。そのような有への執着からわれわれの自覚的行為を解放せんがために次の第三なる無願三味 apranihita-samādhi が実践される。

さらに、大無量寿経によれば、三解脱門のサマーディが獲得されると、大菩薩の宗教的実存のうちに「滅度を現ずれども、また所作なく、また所有なし。不起・不滅にして平等の法を得たり」という境地が開かれてくるという。すなわち、大菩薩は声聞や縁覚を導くために、一旦世を去る姿（滅度）を示現するが、菩薩自身としては、すでに修めるべき行（所作）もなければ求めるべき悟り（所有）もなく、起こすべき善（不起）もなければ滅ぼすべき悪（不滅）もなく、みな平等であるという智慧を獲得する。

一切の執着のはからいが除かれ、修行しているということにも、何かを願求しているということにも、善行に励むということにも、悪業を止滅させようということにも、すべてが自然法爾として受け止められてくるというのであろう。

このような境地をここでは平等の法と呼んだのであろう。しかしながらこのことは決していわゆる無関心となり逃避することでもなければ、現実世界の顚倒・虚偽を現状のまま安易に肯定したり、われわれの無意識の深淵にうごめく無明の闇から否応無く刻々と生起してくる本能的煩悩になすがまま身を任せ迎合したりすることを意味するのではない。

それゆえに、大無量寿経では、次に無量の総持、百千の三昧を具足し成就するという、無量なる教えを記憶し保持するダーラニー dhAraNI と百千もの数かぎりないサマーディとのすべてを知り尽す智慧を欠けることなくそなえていると説かれる。

ダーラニーとサマーディを具足し成就することによって、大菩薩は、

諸根智慧、広普寂定にして、深く菩薩の法蔵に入り、仏華厳三昧を得て一切の経典を宣暢し演説す。深定門に住して、ことごとく現在の無量の諸仏を観たてまつること、一念のあひだに周遍せざることなし。(129)

という大乗菩薩道を実践する。広普寂定とは、次にいう仏華厳三昧と呼ばれる三昧のことを指し、華厳経七処九会の第八普光法堂会において、普賢菩薩が入定した三昧が仏華厳三昧であった。それは離世間品に説かれる。

今の文脈では、このサマーディは、次にいう、一切の経典を宣暢し演説することを直接的には可能にせしめる禅定であり、さらには、深定門に住してとあるごとく、ここにいう深定門とは仏華厳三昧を指すであろうから、無量なる現在諸仏を一念須臾という一瞬刹那のあだにすべてことごとく見ることをも究竟的には可能にせしめる禅定である。

B　仏華厳三昧

仏華厳三昧に関しては、高峯了州博士の『華厳論集』五「華厳経に現わるる三昧―意味と関聯[130]―」に緻密で深い哲学的思惟が施されている。大無量寿経における仏華厳三昧を考察するうえにも深淵なる示唆と華厳的な洞察が得られるであろう。

博士は「華厳経の構想のうえに現わるる如来と普賢と菩薩との三昧[131]」を解明しておられる。如来と普賢と菩薩三者それぞれの三昧が華厳経の七処九会を通して区別されていることに着目され、三者における三昧の独自性と相互の有機的関係を明らかにされる。

各論に入るまえに、博士が「菩薩の智慧と方便に於て示さるる三昧が般若経の立場であると見るならば、それを如来の始成正覚に於て見る普賢の三昧が即ち華厳経の立場である[132]」と論じられていることは重視されるべき学説であろう。

博士の論攷によれば、普賢の三昧には如来浄蔵三昧と仏華厳三昧がある。先ず前者について、盧舎那品に説かれる如来浄蔵三昧の経説に基づいて、博士は如来浄蔵三昧が普賢の三昧であり、そこに如来自ら浄蔵せられ、浄蔵が如来と三昧とを合する意味を明らかにするものであると論じられる。浄蔵を浄と蔵とに分けて各々に四義―浄に自性・治惑・善根・益用、蔵に含摂・蘊積・出生・無尽――をもって註釈した法蔵（六四三―七一二）の華厳経探玄記[133]に依拠して、博士は「浄は自性に於てありそれによって治惑と善根とを成じその益用を現すそのことが、蔵に於ける含摂として蘊積の中に出生して無尽なる意味を有する[134]」と釈されている。ここに浄は如来においてあり、蔵は三昧によって成り立つとされる。

また、如来浄蔵三昧は実叉難陀の唐訳八十華厳の普賢三昧品では如来蔵身三昧と説かれる。博士は浄蔵と蔵身を対比されて、

浄蔵が如来による三昧の成立を意味するならば、蔵身は三昧において示現する如来を理解する立場である。蔵身の身は三昧の身体的に成立する意味に親しく、浄蔵の浄はあくまで如来自らの清浄性に根源すると言わねばならぬ[135]。

と註解される。そして博士は浄蔵と蔵身との有機的関係を論じられているがここでは割愛する。

さらに、澄観の華厳経疏における如来蔵身釈義[136]に基づいて、博士は如来蔵身三昧において如来は世界に遍満し世界は如来において存在し、すべての世界存在が如来身中に蔵せられていることが如来蔵身の意味であるとされる。このことがまた如来浄蔵の意味にほかならない。このように如来の世界遍在と世界の如来浄蔵とが同時に体験されているのが普賢の三昧における具

体的事実である。博士は以下のごとく結釈されている。

普賢の三昧はかかる体験である。如来の示現が普賢であるとともに衆生が自己を如来の身体のなかに没するところの三昧である。普賢において如来がただちに世界であり三昧によって衆生が如来の中に帰入する。(137)

ここに博士が「体験」という言葉を用いられていることをわれわれは重視したい。何故ならば、次にいわれているわれわれ「衆生が自己を如来の身体のなかに没するところの三昧」も同様にわれわれ自身が実地に経験する「体験」であり、さらに「三昧によって衆生が如来の中に帰入する」という「体験」だからである。

このような仕方によってはじめてわれわれ衆生も凡夫存在という限界的機根の能力範囲内において普賢利他行と呼ばれる究竟的な大乗至極の利他行に参画できるようになるのではなかろうか。しかし、われわれが参画しているという自覚的存在においてはすでに単なる凡夫存在ではなくなっている。

次に普賢の三昧における第二の仏華厳三昧について、博士は以下のごとく論じられる。先述したように、普賢の立場における三昧は、衆生が如来に入り如来が衆生に示現することであった。如来浄蔵三昧が、如来と衆生との相即相入を浄蔵・蔵身の蔵のうちに象徴化し、如来の遍在・示現それ自体に重点がおかれるのに対して、仏華厳三昧は、衆生がいかにして如来に入り、如来がいかにして衆生に示現するか、いかにしてという方法にかかわる三昧である。われわれ衆生存在がいかにすれば法界に入ることができるのであろうか、という問題である。

したがって、華厳経の構成についても、先ず如来出現品があり、それに次いで離世間品がおかれ、そして入法界品へと進展するところに仏華厳三昧の独自的な立場が見出される。

博士は、仏華厳三昧を明らかにするために、法蔵が施設した釈名・体性・業用・位地の四門による解釈に基づいて論考を展開されている。実は法蔵は第三門の業用において、われわれが今ここで取りあげている無量寿経の仏華厳三昧に言及されているのである。業用には二あるとして、その第一に「依此顕説花厳法故無量寿経歎菩薩徳中言得仏華厳三昧宣説諸仏経典」という。

博士は法蔵の四門釈（釈名・体性・業用・位地）を丁寧にたどりながら、仏華厳三昧が離世間品の行の根元的立場にあることを洞察され次のごとく結釈される[138]。行とは「如来と衆生とのあいだに成立する離世間あるいは入法界の互入的関係」のうちで理解されなければならない。三味とは、かかる行のうちで成り立つ「如来より衆生へ衆生より如来への往還」が合一する場である。

したがって、仏華厳三昧は、通常いわれるような行によって三昧に入るごとき立場ではなく、三昧において「如来より衆生へ衆生より如来への往還」の行であると見る。そこで博士の次の言葉には浄土真宗の行論に対する重要な示唆が含まれているであろう。

かかる往還的行為はつねに直観的三昧によって成立する。故にそれは如来の行であるとともに衆生の行である意味をもつ。それが宗教的行為としての行の意味でなければならない。故にかかる行が即ち世間を離るるとともに法界に入るの意味を有する。(139)

それは浄土真宗の行論が華厳経的立場から見られた根元的な行理解であるといえよう。また大無量寿経所説の仏華厳三昧は普賢菩薩等大菩薩によって実践される三昧であるが、われわれ底下の凡夫といわれる者が実践できる真実行の大行たる念仏三昧のうちにも、根元的に「如来より衆生へ衆生より如来への往還」の行としての華厳経的融通無碍なる特質が見出されるのではなかろうか。

v　大威神力

第五に大威神力があげられる。威神力という表現は、浄土三部経のなかで大無量寿経のみ二回ほど現れる。むろん威神というある種の形容詞的意味をもった表現は多用されるが、威神力という力用としての概念はあまり使われてはいないようである。そこにはおそらく特別な意義が込められているのではないかと思われる。大無量寿経においても重要な教法が説かれるところに使われている。次のような二ヶ所の文脈の中に現れる。最初は釈尊が阿難に語りたもうた無量寿仏の道場樹に関する経説である。

阿難、もしかの国の人天、この樹を見るものは三法忍を得。一つには音響忍、二つには柔順忍、三つには無生法忍なり。これみな無量寿仏の威神力のゆゑに、本願力のゆゑに、満足願のゆゑに、明了願のゆゑに、堅固願のゆゑに、究竟願のゆゑなり[140]。

高さ四百万里、その本の周囲五十由旬、四方に枝葉をひろげること二十万里の道場樹が、無量寿仏の浄土にはあるという。それは一切の衆宝が自然に合成してできており、それらが発している「無量の光焔、照耀極まりなし」と描写され、しかもそれら一切の荘厳は「応に随ひて現ず」、意のままに出現するというのである。

道場樹の存在をこのように説き終わって、大無量寿経はいよいよ核心的な教法を説き始める。「微風やうやく動きてもろもろの枝葉を吹くに、無量の妙法の音声を演出《えんすい》す」という無量の妙法の音声の演出である。さらに、妙法の音声はただ無量寿仏の浄土世界の内のみにとどまるのではなく、その声は流布して諸仏の国に遍ずるという。

ここに大無量寿経を編纂した大乗仏教運動家たちの発揮せる大乗精神が見出されよう。無量寿仏の仏国土の国境（本来はそのような境などはないはずであろう）をこえて一切諸仏の仏国土世界にまで流布し遍響するという。それゆえに、浄土世界の道場樹の枝葉に微風があたり、かすかに生起する妙法の音声《おんじょう》は、必ずや今現にいるこの娑婆世界にも正覚の大音として響きわたり聞こえているはずである。あたかも音波のごとく、妙法の音声を構成する波長に共鳴するとき、はじめてそれを聞き分けることができるであろう。

ここに実は浄土世界の道場樹は、われわれ娑婆世界のうちに見出される森林の樹木のうちに具現化され象徴化されているといわなければならない。例示すれば、世界遺産にも登録された屋久島杉原始林に自生する樹齢七二〇〇年の縄文杉や国の天然記念物である樹齢およそ一〇〇〇年といわれる群馬県富士見町に自生している巨木横室の榧《かや》や岐阜県高山市飛騨国分寺境内に生息する国の天然記念物である樹齢約一二〇〇年の大イチョウなど、日本全国各地に見出される大樹を通して、はじめて日本におけるわれわれは無量寿仏の道場樹の存在とその実在性を象徴的に体感することができるのではなかろうか。

大無量寿経の中心的な対告衆のひとりである多聞第一と呼ばれる阿難こそ、無量寿仏の大音を聞くことのできた釈尊十大弟子の第一人者であった。釈尊は阿難に問う。「なんぢ、むしろまた無量寿仏の大音、一切世界に宣布して、衆生を化したまふを聞くや、いなや」と。それに阿難は「やや、しかなり、すでに聞きたてまつれり」と応答する。(141)

阿難の聞は無量寿仏の大音が歴史的に具現化した宗教的事実を指し示めすものである。娑婆世界に出現したもうた歴史的実在の仏陀であった釈尊自身の正覚と説法という在り方として、直弟子阿難の宗教的実存のうちに直接経験された妙法の音声に対する聞こそが、無量寿仏の大音であったと、大無量寿経の編纂者である大乗仏教運動家によって、釈尊入滅後すでに三百年以上も経過した時代において、正受されたといえるのではなかろうか。

さらに、無量寿仏の大音は、より一層根源的には、あるいは阿難が生きた歴史的限定を越えて、より一層普遍的に、無量寿仏因位の法蔵菩薩が、わが師仏である世自在王如来の「光顔

巍々として、威神極まりない容顔」に驚愕して、

正覚の大音、響き十方に流る。戒と聞と精進と三昧と智慧との威徳は、侶《ともがら》なくして、殊勝にして希有なり。深く明らかに、よく諸仏の法海を念じて、深きを窮め奥を尽して、その涯底を究む。無明と欲と怒りとは、世尊に永くましまさず。人雄獅子にして神徳無量なり。功勲広大にして、智慧深妙なり。光明の威相は、大千を震動す。[142]

と、その響き十方に等流すると讃歎した世自在王如来の正覚の大音のうちに究竟化するであろう。ただここで注意しなければならない重要なことは、かかる究竟化は単に形而上学的性格のものではない。

そのことが「正覚の大音、響き十方に流る」につづく文によって明らかにされているといえるであろう。それは実践的性格をもつものであるといわなければならない。すなわち、「戒と聞と精進と三昧と智慧」をもって成就した威徳であり、「諸仏の法海を念じて、深きを窮め奥を尽して、その涯底を究む」という一切諸仏のうちに等流せる究竟的根源的正覚を窮尽しており、さらには「無明と欲と怒り」の「世尊に永くましまさず」という三毒根本煩悩の絶対非存在が世尊（世自在王如来）のうちにも見出されている。これらの実践行が成就されるときはじ

めて「正覚の大音、響き十方に流る」という事態が、法蔵比丘のうちにも現成するであろう。さて、「無量の妙法の音声」を聞くものは、「深法忍を得て不退転に住す」という。さらにこのことを敷衍して、

仏道を成るに至るまで、耳根清徹にして苦患《くげん》に遭はず。目にその色を覩《み》、耳にその音を聞き、鼻にその香を知り、舌にその味はひを嘗《な》め、身にその光を触れ、心に法をもつて縁ずるに、一切みな甚深の法忍を得て不退転に住す(143)。

と説かれる。釈尊は、阿難に対して、道場樹の枝葉から起こってくる無量なる妙法の音声が、それを聞く者の宗教的実存のうちに、どのように具体的にはたらくのかを説きたもうのである。まさしく妙法の音声を聞く者は、仏道を成るに至るまで、眼・耳・鼻・舌・身・意の六根がすべて徹底的に清浄化され、究竟的にはもろもろの悩患が一切そこではなくなってしまうという。

しかし、このような清浄化の事態は、決して単に無量寿仏の浄土世界内のみに限定されて起こることではないはずである。先にも述べたごとく、妙法の音声は、その声、流布して諸仏の国に遍ずるというのであるから、われわれが今現にいるこの娑婆世界においても「聞其名号信心歓喜」のうちに、無量寿仏の正覚の大音が響きわたり聞こえているはずである。

そして、さらにその上、もし無量寿仏の仏国土の人・天が、その道場樹を見れば三法忍を得るという。それが最初に引用した経文であった。三法忍とは、音響忍・柔順忍・無生法忍のことであるが、これらの三法忍が得られるのも、実は無量寿仏の威神力によるものであるというのである。また、ここでは威神力だけではなく、他に本願力が威神力と同様「力」なる根元的作用として表象され、次に四つの特性をいいあらわす願名として満足願・明了願・堅固願・究竟願が出されている。

これら四つの願名にいう満足・明了・堅固・究竟が、威神力・本願力二力の本質的な特性を明示するものであるといえよう。満足とは、具足・円満・円融の義である。大無量寿経においては、満足という概念は、願が成就する場合にのみ特に用いられているようである。最初に現れる文が以下のような文脈においてである。

先ず、法蔵比丘は、世自在王如来の所説を聞いて、厳浄の国土みなことごとく覩見して、無上殊勝の願を超発した。そのときの法蔵比丘の「心」は、まさしく寂静にして志、所着なく、一切世間の中でこれに及ぶものはなかった。

さらに、法蔵比丘は、五劫のあいだ思惟して、わが仏国土を荘厳するための「清浄の行」を摂取した。そのうえ二百一十億の諸仏が妙土を荘厳するため修した清浄の行を摂取した。以上のごとく、法蔵比丘は願を発こし行を摂取しおわって、世自在王如来に対して「世尊、われすでに仏土を荘厳すべき清浄の行を摂取しつ」と報告した。
それをうけて、世自在王如来は法蔵比丘に次のごとき重要な言葉を語りたもうた。

なんぢ、いま説くべし。よろしく知るべし、これ時なり。一切の大衆を発起し悦可せしめよ。菩薩聞きをはりて、この法を修行し縁として、無量の大願を満足することを致さん[144]。

法蔵比丘よ、そなたがいま発願したすべての願をここで説くがよい。よくよく心して知るべきである。今やその「時」が熟した。その「時」が到来したのだ。それは一切の大衆が待ち望んだ「時」である。そのようなすべての人々に対して、そなた自身の「無上殊勝の願」と「荘厳仏国の清浄の行」を聞かせて、大衆一人ひとりの心のうちに、悟りを求める心（菩提心）を発起せしめよ、歓喜を悦可せしめよ。
　しからば、法蔵比丘よ、そなたの説法を聞きおえた菩薩たち（発菩提心の行者たち）は、そなたの説法した「法」ダルマにしたがって、そこに説かれている真実行を如実に修行するであろう。その如実の行を修行することを機縁として、彼ら自身のうちに自然に発起してくるであろう無量の大願を遂には成就することができるであろう。

以上、世自在王如来が法蔵比丘に語った言葉を領解にしたがって意訳した。そのうちにこそ、法蔵比丘が願行（無上殊勝の願と荘厳仏国の清浄の行）を成就して無量寿仏と成り、その成就態である真実なる教行信証がわれわれ凡夫存在の心底に、回施され正受されて行くという、われわれ自身の宗教的実存として体験化される経験構造の真実相が見出されるのではあるまいか。実はそこに他の三つの明了・堅固・究竟が無量寿仏の本願を特性づける基本的概念であるともいえる理由が見出されるであろう。

第二に「満足」という概念が大無量寿経にあらわれる箇所は、重誓偈の第一行偈頌である。この偈頌は次に続く第二・第三の二行偈頌とともに、法蔵比丘が世自在王如来に対して発願した四十八願を根元的に規定し総括する発願意趣であるといえる。

われ超世の願を建つ、かならず無上道に至らん。この願満足せずは、誓ひて正覚を成らじ。

われ無量劫において、大施主となりて、あまねくもろもろの貧苦を済はずは、誓ひて正覚を成らじ。

われ仏道を成るに至りて、名声十方に超えん。究竟して聞ゆるところなくは、誓ひて正覚

を成らじ。(145)

ここに現れる「満足」の概念も重要である。特に第十八願を根元的に規定している「若不生者不取正覚」と同じ意趣を三重に分けて誓ったものであるといえよう。第一行は自利、第二行は利他をそれぞれ誓うものであり、第三行は自利利他ともに成就したとき、その名は十方衆生の世界に超えすぐれ一人ひとりの衆生がその名を聞きえないようであるならば、決して正覚を取らないと誓ったものである。

第一行にあらわれる「満足」という概念も「あまねくもろもろの貧苦を済はずは」と「究竟して聞ゆるところなくは」というふたつの条件内容を具体的に満たし充足するものであるという意味での満足である。それがもしただ単に法蔵比丘が自ら発願した誓願を即自的に成就したにすぎないのであれば、「誓って正覚を取らない」(誓ひて正覚を成らじ)という利他的な満足ではなかったであろう。

さて、威神力という概念が大無量寿経にあらわれる第二の文脈は、巻下釈尊が五善五悪をすべて説き終わって、総括的な段において釈尊が弥勒に対して仏による救済を告げたもう次のごとき箇所である。

先ず釈尊は五善五悪を総括して、

この世の五悪、勤苦かくのごとし。五痛・五焼、展転してあひ生ず。ただ衆悪をなして善本を修せざれば、みなことごとく自然にもろもろの悪趣に入る(146)。

と説き、そして以下のごとく「痛ましきかな、傷むべし」という。

天道、施張《しちょう》して自然に糺挙《くこ》し、綱紀の羅網、上下相応す。煢々忪々《けいけいしゅじゅ》として、まさにそのなかに入るべし。古今にこれあり。痛ましきかな、傷むべし(147)。

五道因果の道理は、あたかも網の目のように天地宇宙、三千大千世界すべての上におおわれ張りめぐらされて、一つの罪も見逃すことなく一々数えあげて罪名をただし、大綱・小綱からなる業道の網が上下四方八方に張りめぐらされ、網の目にすべてのものは捕えられてのがれることができない。

「煢々忪々として」とは、孤独で頼るすべもなくただひとりおののき乱れて、「まさにそのなかに入るべし」という。その網の目にかかって報いを受ける。このような情況は古今を通じて変ることのない道理である。まことに痛ましいかぎりであり、心痛むことではないか。

このような痛ましい事態をうけて、釈尊は弥勒に次のごとく語りたもう。

仏、弥勒に語りたまはく、「世間かくのごとし。仏みなこれを哀れみたまひて、威神力をもつて衆悪を摧滅《さいめつ》してことごとく善に就かしめたまふ。所思を棄捐《きえん》し、経戒を奉持し、道法を受行して違失するところなくは、つひに度世・泥洹の道を得ん」(148)と。

ここに「威神力」という概念が使われている。世の人々が痛ましい情況におかれているのであるから、諸仏方はみなこのような人々を哀れみ、偉大な神通力をもってさまざまな悪を砕き滅し、すべての者をして善行を実践できるように向かわせる。

そうしてわれわれがいだくであろう顚倒した思念を捨棄せしめ、諸仏方が説かれる戒めを守り、悟りへの行道を正しく受け如実に修行して、ダルマに違うたり失墜したりすることがないならば、必ずや畢竟じて迷妄なる虚妄顚倒の世界を離脱して大般涅槃を得ることができるであろうという。

さてここまで、阿弥陀如来の十一力のうち、第五力の「大威神力」までを考察してきたが、他の六力―(六)大摧邪力、(七)大降魔力、(八)天眼遠見力、(九)天耳遥聞力、(十)他心徹鑑力、(十一)光明遍照摂取衆生力―については、重要な六力ではあるが、各々についての聞思は割愛させていただく。

ただ、慶文（天宗台第十七祖四明智礼師の弟子）による十一力に関する四つの視座について項を改めて概説しておこう。なお、所引の正信法門は慶文法師作浄土文中の一門。浄土文は未伝であるが、正信法門と浄行法門二篇に分れて世に行われ、元照律師がその序を書いた。観経の正観記中（八左）には「作正信浄行二門、見布于世、疏主（元照）為序。其略云比得山陰浄土文二篇、与天台所論理趣無乖（正信浄行二門を作る、行じて世に見らる、疏主（元照）序を為る。その略に云わく、このごろ山陰の浄土文二篇を得、天台の所論と、理趣、乖くことなし）」[149]という。

Ⅶ　阿弥陀如来の十一力における四つの視座

慶文が、十一の「仏力」について、総じて「かくのごときらの不可思議功徳の力まします。あに念仏の人を護持して、臨終のときに至るまで障碍なからしむることあたはざらんや」と結釈して、阿弥陀如来の救済力を四つの視座に分けて十一力を分類していることに注目しておきたい。

i　第一視座　―護持―

第一視座は「護持」という根柢的な側面であり、そこに「もし護持をなさずは、すなはち慈悲力なんぞましまさん[150]」という、十一力中第一の大慈悲力が根柢的な側面において見すえられている。阿弥陀如来が行者を護持するという活動が、大慈悲力の核心的で普遍的な力用であるといえよう。護持はある意味ですべての側面を根元づけ包摂するものである。阿弥陀如来の大慈悲力から生起してくる一切衆生を護持せんとする力用は、阿弥陀如来によってなされるいかなる救済にも通底するものである。

ii　第二視座　―魔障を除く―

第二視座は「魔障を除く」という能動的な側面であり、「もし魔障を除くことあたはずは、智慧力・三昧力・威神力・摧邪力・降魔力、またなんぞましまさんや」という、十一力中第三から第七までの五力が能動的な側面において見すえられている。

阿弥陀如来は智慧力・三昧力によって魔障とは何かを知悉し、威神力・摧邪力・降魔力をもって魔障に苦悩せる一切衆生を自在に救い彼らの邪悪を砕き悪魔を降伏させる力用であるといえよう。

iii　第三視座　―鑑察―

第三視座は「鑑察」という神通力的な側面であり、「もし鑑察することあたはずして、魔、障をなすことを被らば、天眼遠見力・天耳遥聞力・他心徹鑑力、またなんぞましまさんや」という。

十一力中第八から第十までの三力が神通力的な側面において見すえられている。阿弥陀如来が一切衆生の存在を遠見し、彼らの苦悩や悲痛な嘆きの声を聞き、その奥底にある「心」を見抜き、一切衆生の利根・鈍根各々の機根に応じて各々の善巧方便を回施して、一味なる大般涅槃の悟りへと誘引せんとする力用であるといえよう。

iv　第四視座　―念仏して臨終に魔障を被る―

第四の視座は「念仏して臨終に魔障を被る」という究竟的な側面であり、「もし念仏して臨終に魔障を被るといはば、光明遍照摂取衆生力、またなんぞましまさんや(151)」という最後にあげる第十一力が究竟的な側面において見すえられている。阿弥陀如来の「光明遍照摂取衆生力」と呼ばれる力用は、決してただ単にいわゆる「臨終」に直面する宗教的実存のみを取りあげているのではないであろう。

慶文がわざわざ観無量寿経を取意して「阿弥陀仏の相好の光明あまねく十方世界を照らす。念仏の衆生をば摂取して捨てたまはず」の経文を引用[152]しているところからも知られる。真意は、引文の後に慶文自身が、

いはんや念仏の人の臨終の感相、衆経より出でたり。みなこれ仏の言なり。なんぞ貶して魔境とすることを得んや。いまために邪疑を決破す。まさに正信を生ずべし。[153]

と註解していることからも明らかであろう。

臨終という概念は、宗教的実存の究竟位を象徴するものであると捉えたい。究竟的な状況にわれわれがおかれるときはじめて邪疑を決破しまさしく正信を生ずることができる。右の慶文の註解を取意するならば、ましていわんや、念仏を行じる人が、娑婆世界最後の息をひきとる臨終の刹那に感相（来迎の相を感得すること）を見ることは、浄土三部経をはじめ多くの処々の経典に説かれている。これらはみな釈尊が説かれた聖言である。どうしてこれを貶めて悪魔の

しわざである魔境などとけなすことができようか。今まさしく邪疑をきっぱりと破しおわった。この上はまさに真実信心を生ずべきである。

註

（1）行文類大行釈、引文（註釈版 no. 35 一七〇—一七四頁）。
（2）法照浄土五会念仏略法事儀讃（大正蔵四七、四七四頁下—四八二頁上）。
（3）同巻一「夫如來設教廣略。隨根終歸乎實相。得真無生者。孰能與於此哉。然念佛三昧是真無上深妙禪門矣。以彌陀法王四十八願名號。為佛事。願力度衆生。」（大正蔵四七、四七四頁下）。
（4）原文では「以弥陀法王四十八願名号。為仏事。願力度衆生。」（大正蔵四七、四七四頁下）とあり、行文類の引文とは異なるが大意はほぼ同一であろう。中略後の原文は「是以如来常於三昧海中。挙網綿乎。謂父王曰。王今坐禅。但当念仏。豈同離念求乎無念。離生求於無生。離相好求乎法身。離文字求乎解脱。」（四七六頁中）とある。
（5）行文類大行釈、引文（註釈版 no. 35 一七一頁）。
（6）同右。
（7）同右。
（8）同右。
（9）唯信鈔文意（注釈版 no. 2 七〇〇頁）。

(10) 同右。
(11) 「自己存在の在処」に関しては、拙著親鸞浄土教と西田哲学第二篇、第五章「阿弥陀仏と衆生との関係」六「自己存在の在処」四五六―四六三頁を参照。
(12) 唯信鈔文意（註釈版 no. 2 七〇〇頁）。
(13) 行文類大行釈、六字釈（註釈版 no. 34 一七〇頁）。
(14) 行文類大行釈、引文（註釈版 no. 35 一七二頁）。
(15) 同右。
(16) 同右。
(17) 拙著親鸞浄土教と西田哲学四三三―四四三頁。
(18) 西田幾多郎「場所的論理と宗教的世界観」（西田幾多郎全集第一一巻、岩波書店、一九六五年、四三八頁）。
(19) 同右。
(20) 行文類大行釈、引文（註釈版 no. 35 一七二頁）。
(21) 律宗の祖師元照撰観無量寿経義疏（大正蔵三七、二八三頁下―二八四頁上）。
(22) 行文類大行釈、引文（註釈版 no. 49 一七九頁）。
(23) 同右。
(24) 選択本願念仏集「慇勤付属章」私釈（七祖註釈版 no. 16 一二八三頁）。
(25) 同右。
(26) 同、本願章私釈（七祖註釈版 no. 3 一二〇九―一二一〇頁）。

(27) 秋月龍珉著鈴木大拙の言葉と思想講談社現代新書103、講談社、一九六七年、一三七頁。

(28) 往生論註巻下、解義分、起観生信章（七祖註釈版 no. 49 一〇二頁）。

(29) 同、巻上、総説分、観察門、衆生世間、菩薩、不動而至功徳（七祖註釈版 no. 38 八八―八九頁）。

(30) 同、巻下、解義分、観察体相章、衆生世間、菩薩（七祖註釈版 no. 93 一三六―一三七頁）。

(31) 浄土論解義分、名義摂対（七祖註釈版 no. 21 四〇頁）。

(32) 往生論註巻下、名義摂対章（七祖註釈版 no. 112 一四七―一四八頁。なお、カッコ内は聖典異訳七祖聖教上、大遠忌記念　聖典意訳編纂委員会編纂、一九八三年再版、一一一頁を参照）。

(33) 往生論註巻下、解義分、名義摂対章（七祖註釈版 no. 112 一四八頁）。

(34) 浄土論、解義分、離菩提障（七祖註釈版 no. 19 三九頁）。

(35) 往生論註巻下、解義分、障菩提門章（七祖註釈版 no. 106 一四五頁）。

(36) 菩提資糧論三「問菩薩復有何死。答。〈聲聞獨覺地　若入便為死　以斷於菩薩　諸所解知根〉如前所説四種因縁。隨何因縁得不退轉。此菩薩未有大悲未得忍。未過聲聞獨覺地。或以悪友力怖生死苦故。或受生中間故。或劫壞時間瞋嫌菩薩毀謗正法故。失菩提心。起聲聞獨覺地心已。或於聲聞解脱。若獨覺解脱作證。彼斷菩薩根。所謂大悲。是以諸菩薩及佛世尊。名為説解知死。問此應思量菩薩。為畏住泥犁。為畏墮聲聞獨覺地。答。〈假使墮泥犁　菩薩不生怖　聲聞獨覺地　便為大恐怖〉菩薩設住泥犁。與無數百千苦倶。不比墮聲聞獨覺地怖畏。問何故如此。答。〈非墮泥犁中　畢竟障菩提　聲聞獨覺地　則為畢竟障〉設入泥犁。於正覺道。不能作畢竟障礙。住泥犁時。乃至悪業盡邊。於菩提道暫為障礙。菩薩若墮聲聞獨覺地。則畢竟不生故。聲聞獨覺地。於正覺道乃為障礙。由是義故。菩薩入於泥犁。不比墮聲聞獨覺地怖畏。問其怖如何。答。〈如說愛壽人　怖畏於斬首　聲聞獨覺地　應作如是怖〉經中佛世尊作如是說。如愛壽人怖畏斬首。菩薩欲求無上菩提。怖畏聲聞獨覺地。亦應如此。是故菩薩雖入泥犁。不比墮聲聞獨覺地怖畏。」（大正蔵三二、五二七頁下―五二八頁上）。

(37) 十住毘婆沙論「易行品」総説、難易二道（七祖註釈版 no. 1 三頁）。

(38) 往生論註巻下、解義分、障菩提門章（七祖註釈版 no. 106 一四五頁）。

(39) 浄土論、解義分、離菩提障（七祖註釈版 no. 19 三九―四〇頁）。

(40) 同（七祖註釈版 no. 19 四〇頁）。

(41) 浄土和讃諸経讃（註釈版 no. 92 五七三頁）。

(42) 窺基撰妙法蓮華経玄賛巻三「施為可則曰方。善逗機宜曰便。往生論云正直曰方。外已為便。方是方術。便謂穏便。便之方名方便。」（大正蔵三四、六九五頁上）。

(43) 深励、前掲書巻十一、六五三頁。

(44) 新漢語林

(45) 往生論註巻下、解義分、名義摂対章（七祖註釈版 no. 112 一四八頁）。

(46) 同、巻上、浄土論大綱（七祖註釈版 no. 1 四七頁）。

(47) 同右。

(48) 同、本論分斉（七祖註釈版 no. 1 四七頁）。

(49) 同、総説分、成上起下偈、真実功徳釈（七祖註釈版 no. 7 五六頁）。

(50) 同右。
(51) 尊号真像銘文本（註釈版 no. 6 六五二頁）。
(52) 往生論註巻上、総説分、観察門、器世間、清浄功徳（七祖註釈版 no. 8 五七頁）。
(53) 同（七祖註釈版 no. 8 五七—五八頁）。
(54) 往生論註巻上、総説分、観察門、器世間、量功徳（七祖註釈版 no. 9 五九頁）。
(55) 同、巻下、解義分、観察体相章、衆生世間、仏（七祖註釈版 no. 89 一三一頁）。
(56) 同、利行満足章（七祖註釈版 no. 123 一五三頁）。
(57) 同（七祖註釈版 no. 124 一五三—一五四頁）。
(58) 行文類追釈、一乗海釈（註釈版 no. 91 一九七頁）。
(59) 往生論註巻下、解義分、観察体相章、衆生世間、仏（七祖註釈版 no. 89 一三一頁）。
(60) 往生論註巻上、総説分、八番問答、十念往生（七祖註釈版 no. 43 九六頁）。
(61) 同右。
(62) 同右。
(63) 同（七祖註釈版 no. 43 九七頁）。
(64) 同右。
(65) 同右。
(66) 往生論註巻下、解義分、名義摂対章（七祖註釈版 no. 113 一四八頁）。
(67) 同（七祖註釈版 no. 113 一四九頁）。
(68) 浄土論解義分、名義摂対（七祖註釈版 no. 21 四〇頁）。

(69) 同右。
(70) 大辞林松村明編、三省堂、一九八九年、一一六三頁。〔大辞林と略す〕
(71) 往生論註巻上、総説分、観察門、器世間、清浄功徳（七祖註釈版 no. 8 五七頁）。
(72) 同、大義門功徳（七祖註釈版 no. 25 七五頁）。
(73) 同、衆生世間、菩薩、不動而至功徳（七祖註釈版 no. 38 八八―八九頁。
(74) 同、巻下、解義分、起観生信章（七祖註釈版 no. 49 一〇二頁）。
(75) 大無量寿経巻上、正宗分、法蔵発願、讃仏偈（浄真全一、二二頁）。
(76) 同、弥陀果徳、眷属荘厳（浄真全一、三九頁）。
(77) 往生論註巻下、解義分、名義摂対章（七祖註釈版 no. 114 一四九頁）。
(78) 浄土論解義分、順菩提門（七祖註釈版 no. 20 四〇頁）。
(79) 往生論註巻下、解義分、順菩提門章（七祖註釈版 no. 111 一四七頁）。
(80) 同右。
(81) 往生論註巻下、解義分、名義摂対章（七祖註釈版 no. 114 一四九頁）。
(82) 大智度論巻三一、釈初品十八空義第四八（大正蔵二五、二八六頁上）。
(83) 観無量寿経、流通分、付属持名（註釈版 no. 32 一一七頁）。
(84) 観経疏散善義、流通分（七祖註釈版 no. 34 四九九頁）。
(85) 同右。
(86) 同、五種嘉誉（七祖註釈版 no. 34 四九九―五〇〇頁）。
(87) 高僧和讃曇鸞讃（註釈版五八五頁）。

(88) 往生論註巻上、総説分、観察門、器世間、性功徳（七祖註釈版 no. 10 六〇頁）。
(89) 慧遠撰大乗義章九「断結義九門分別」「第二明其治道差別。於中有四。一就有漏無漏分別。二見修分別。三忍智分別。四法比分別。漏無漏者依如毘曇治道有二。一有漏道。謂世八禪攀上厭下六行斷結。」（大正蔵四四、六四二頁上）。「攀」は、①「よじる」腹をつけてからだをそらせるようにして、木や岩場を登る。よじのぼる。頭をあげてからだをそらせる。②「そる・そらす」弓型に曲げる。③偉い人にすがって、出世を求める。〈漢和大字典藤堂明保編、学習研究社、一九七八年、五五九頁。〉下位を厭い、上位の天上界にのぼることをめざして禅定を修行すること。」
(90) 漢訳対照梵和大辞典新装版、鈴木学術財団編、講談社、一九八六年、二三一頁。
(91) 宇井伯寿監修仏教辞典大東出版社、一九六五年、六五頁。以後「宇井辞典」と略称。
(92) 以下のパーリ語は水野弘元南伝大蔵経索引第一部（増補改訂版、ピタカ、一九七七年、二九頁）に依る。以後「水野索引」と略称。
(93) 浄土論総説分（七祖註釈版 no. 3 三〇頁）。
(94) 往生論註巻上、総説分、観察門、器世間、受用功徳（七祖註釈版 no. 23 七一―七二頁）。
(95) 平等覚経巻一、正宗分、菩薩発願、讃仏偈（浄真全一、二〇五頁）。
(96) 如来会巻下、正宗分、弥陀果徳、宝河荘厳（浄真全一、三一八頁）。
(97) 如来会巻下、正宗分、往生因果、十八願成就（浄真全一、三二一―三二二頁）。
(98) 如来会巻下、正宗分、往生因果、菩薩功徳（浄真全一、三二六―三二七頁）。
(99) 同（浄真全一、三二八頁）。

(100) 如来会巻下、流通分、弥勒付属（浄真全一、三三四頁）。
(101) 荘厳経巻中、正宗分、弥陀果徳、光明無量（浄真全一、三六一頁）。
(102) 称讃浄土経正宗分、依正段（浄真全一、三八六頁）。
(103) 同右。
(104) 同（浄真全一、三八七頁）。
(105) 同右。
(106) 同右。
(107) 宇井辞典、一七頁。
(108) 水野索引、二九頁。
(109) 浄土論、総説分（七祖註釈版 no. 4 三一頁）。
(110) 往生論註巻上、総説分、観察門、衆生世間、仏、座功徳（七祖註釈版 no. 29 七九頁）。
(111) 大無量寿経巻上、序分、証信序、八相化儀（註釈版 no. 2 四—五頁）。
(112) 慈恩撰上生経疏巻上［澄観華厳経行願品疏鈔六「慈恩解一生補処総有三位一者一生所繫二者最後之身三者坐道場身上生則一生所繫唯有当来一遍受生為能繫下生則局後二身如釈迦初生時於東西南北各行七歩」（卍続五、三二七頁）］。
(113) 往生論註巻上、総説分、観察門、衆生世間、仏、座功徳（七祖註釈版 no. 29 七九頁）。
(114) 観無量寿経、正宗分、定善、華座観（註釈版 no. 15 九七頁）。
(115) 往生論註巻上、総説分、観察門、衆生世間、菩薩（七祖註釈版 no. 37 八七頁）。
(116) 浄土論、総説分（七祖註釈版 no. 4 三一頁）。

(117) 往生論註巻上、総説分、観察門、衆生世間、菩薩（七祖註釈版 no. 37 八七頁）。
(118) 同右。
(119) 同右。
(120) 同右。
(121) 大智度論一一「序品」一（大正蔵二五、一四四頁下）。
(122) 大経巻上、正宗分、弥陀果徳、聖衆無量「また声聞・菩薩、その数量りがたし。称説すべからず。」（註釈版 no. 12 三一頁）、同、正宗分、法蔵発願、四十八願、第二十二願「他方仏土の諸菩薩衆、わが国に来生して、究竟してかならず一生補処に至らん。」（注釈版 no. 7 一九頁）。大経巻下、正宗分、衆生往生果「かの国の菩薩は、みなまさに一生補処を究竟すべし。」（註釈版 no. 28 四八頁）。さらに阿弥陀経正宗分、因果段、執持名号「また舎利弗、極楽国土には、衆生生ずるものはみなこれ阿鞞跋致なり。そのなかに多く一生補処〔の菩薩〕あり。その数はなはだ多し。これ算数のよくこれを知るところにあらず。ただ無量無辺阿僧祇劫をもつて説くべし。」（註釈版 no. 5 一二四頁）。
(123) 往生論註巻上、総説分、観察門、衆生世間、菩薩（七祖註釈版 no. 37 八七―八八頁）。
(124) 浄土論、総説分（七祖註釈版 no. 3 二九―三〇頁）。
(125) 往生論註巻下、解義分、観察体相章、器世間（七祖註釈版 no. 66 一一三―一一四頁）。
(126) 大宝積経巻一〇六「大乗方便会」（大乗方便経）「仏告阿難。是愛作菩薩。因起欲心推求諸法。即壊魔衆当転法輪。時徳増女命終之後。生三十三天。転于女身得成男子。自然処於七宝宮殿。縦広正等十二由旬。有万四千諸天婇女。以為侍衛。是徳増天子。得識宿命推先業行。以何業縁而来生此。如是思惟已。見舎衛城中作長者女。因見愛作菩薩。生婬欲心。欲心熾盛即身命終。便転女身得成男子。我以是事得無量神力。爾時德増天子。如是思惟。因起婬欲得如是報。今我於愛作菩薩。心甚清浄礼敬供養。我今若住先受五欲。此非我宜。如是思惟已当詣如来。并欲見於愛作菩薩礼敬供養時。德増天子与其眷属。持天花香塗香末香。即於初夜来至仏所。自以光明普照祇洹。入覲世尊及見愛作。即以天花末香塗香。供養於仏。頂礼仏足。及愛作菩薩。一切大衆。右遶三匝。合掌向仏。即説偈言。」（大正蔵一一、五九七頁下）。

(127) 深励、前掲書巻九、四九一―四九二頁。

(128) 大無量寿経巻上、序分、証信序（註釈版 no. 2 六―七頁）。

(129) 同（註釈版 no. 2 七頁）。

(130) 本論文はもと仏教学研究第二号に掲載された。高峯了州華厳論集として一九七六年国書刊行会出版され、その五（一〇一―一八三頁）に選集・収載されたものである。

(131) 高峯、前掲書、一〇八頁。

(132) 同右。

(133) 法蔵華厳経探玄記巻三（大正蔵三五、一五五頁上）。

(134) 高峯、前掲書、一一四頁。

(135) 同右。

(136) 澄観大方広仏華厳経疏巻一〇（大正蔵三五、五七〇頁中）。

(137) 高峯、前掲書、一一五頁。

(138) 同、一一九頁。

(139) 同右。
(140) 大無量寿経巻上、正宗分、弥陀果徳、道樹楽音荘厳（註釈版 no. 15 三四頁）。
(141) 同、巻下、正宗分、釈迦指勧、胎化得失（註釈版 no. 42 七六頁）。
(142) 大無量寿経巻上、正宗分、法蔵発願、讃仏偈（註釈版 no. 5 一一―一二頁）。
(143) 同、弥陀果徳、道樹楽音荘厳（註釈版 no. 15 三三―三四頁）。
(144) 同、法蔵発願、思惟摂取（註釈版 no. 6 一五頁）。
(145) 同、重誓偈（註釈版 no. 8 二四頁）。
(146) 同、釈迦指勧、五善五悪（註釈版 no. 40 七一頁）。
(147) 同（註釈版 no. 40 七二頁）。
(148) 同右。
(149) 山邊・赤沼講義三三七―三三八頁。
(150) 同右。
(151) 行文類大行釈（註釈版 no. 49 一八〇頁）。
(152) 同（註釈版 no. 49 一七九―一八〇頁）。
(153) 同（註釈版 no. 49 一八〇頁）。

第二章　教行証文類における念仏三昧に関わる他の重要諸文

これまで教行証文類における念仏三昧を思惟してきたが、以下に重要と思われる文について、念仏三昧がどのような文脈で捉えられているのかが知られる範囲でその原文を引用し若干の考察をこころみて見よう。

一　三論の祖師、嘉祥のいはく（観経義疏）[1]、「問ふ。〈念仏三昧は何によりてか、よくかくのごとき多罪を滅することを得るや〉と。解していはく、〈仏に無量の功徳います。仏の無量の功徳を念ずるがゆゑに、無量の罪を滅することを得しむ〉」と。[2]

二　禅宗の飛錫《ひしゃく》のいはく（念仏三昧宝王論）[3]、「念仏三昧の善、これ最上なり。万行の元首なるがゆゑに、三昧王といふ」と。[4]

三　安楽集（安楽集・下）[5]涅槃経によるに、仏ののたまはく、〈もし人、ただよく心を至してつ

ねに念仏三昧を修すれば、十方諸仏つねにこの人を見そなはすこと、現に前にましますがごとし〉と。(6)

四　またいはく（散善義）、「〈若念仏者〉より下〈生諸仏家〉に至るまでこのかたは、まさしく念仏三昧の功能超絶して、まことに雑善をして比類とすることを得るにあらざることを顕す。（中略）分陀利といふは、人中の好華と名づく、また希有華と名づく、また人中の上上華と名づく、また人中の妙好華と名づく。この華あひ伝へて蔡華と名づくるこれなり。もし念仏のひとはすなはちこれ人中の好人なり、人中の妙好人なり、人中の上上人なり、人中の希有人なり、人中の最勝人なり。(7)

五　問ふ。大本（大経）の三心と観経の三心と一異いかんぞや。（中略）「於現身中得念仏三昧」といへり、すなはちこれ定観成就の益は、念仏三昧を獲るをもつて観の益とすることを顕す。すなはち観門をもつて方便の教とせるなり。(8)

六　光明寺の和尚（善導）のいはく（定善義）、「自余の衆行、これ善と名づくといへども、もし念仏に比ぶれば、全く比校にあらざるなり。このゆゑに、諸経のなかに処々に広く念仏の功能を讃めたり。無量寿経の四十八願のなかのごとき、〈ただ弥陀の名号を専念して生ずることを得〉と明かす。また弥陀経のなかのごとし、〈一日・七日弥陀の名号を専念して生ずることを得〉と。また十方恒沙の諸仏の証誠虚しからざるなり。またこの経（観経）の定散の文のなかに、〈ただ名号を専念して生ずることを得〉と標す。この例一つにあらざるなり。広く念仏三昧を顕しをはんぬ」と。(9)

I　嘉祥における念仏三昧

嘉祥の義疏によれば、念仏三昧がいかにして多くの滅罪を行者の身の上にもたらす「はたらき」を持っているのかについて、答えて「仏に無量の功徳います」という。この答え方は重要である。三昧の行自体ではなく、行者の三昧行が向かう対象である仏に無量の功徳があるからこそ、仏の無量の功徳を念ずるという三昧行を通して滅罪がはたらく。

無量の功徳は仏存在にそなわる。仏が仏としてあるべき姿を現成するプロセスにこそ、無量の功徳のはたらきは見出される。仏の存在結果である覚よりも、その結果をもたらす現成プロセスにこそ滅罪の生起が実証される。

したがって、念仏三昧は仏が因位の菩薩から果位の覚へといかにして仏となりたもうたか、その因から果へいたる仏覚現成のプロセスを念ずる行であるともいえよう。それゆえに、念ずる行者の意識構造のうちにもかかる仏覚現成のプロセスが意識化し現在化するといわなければならない。以上、一の文による。

Ⅱ　飛錫における念仏三昧

飛錫の念仏三昧宝王論の文によれば、念仏三昧の行道自体が最高善なることを主張する文である。しかも、その善は最高無上なる善であると同時に、諸行万行の元首であるという。次にいう王と共に譬喩的に使われている。元首とは、一般的には一国を代表する資格・権限をもった頭首・首長を指すので、元首も王も万行を代表し統率し、万行全体の権限を統括していることを象徴している。それゆえに、三昧王とも呼ばれる。

元首・王によって象徴される念仏三昧は、象徴概念が持っている意味からも類推されるように、念仏三昧以外の行を決して排除するものではなく、むしろはたらきとしては他の諸行が持っている各々のはたらきを統合し、それらを完成・成就へと導き入れるほどの無限・無量なる功徳を持っているといわなければならない。以上、二の文による。(10)

Ⅲ　道綽における念仏三昧

次に、三の安楽集の文は信文類末、追釈、真仏弟子釈に引用された文である。道綽が涅槃経を引用して念仏三昧の普遍的で最上なるはたらきを明らかにしたものである。

安楽集下巻の最初に位置する第四大門は、そのなかに三番の料簡があり、この箇所は、その第二に此彼の諸経に多く念仏三昧を明かして宗となすことを明かすという。(11)

念仏三昧が多くの経典で経の宗致と見なされていることを明らかにすることをテーマとしている。

以下に、ⅰ　一相三昧、ⅱ　一行三昧、ⅲ　念仏三昧の三種の三昧を取り上げ聞思したい。

i　一相三昧

先ず八番を設けて、初めの二番は一相三昧を明かし、後の六番は縁につき相によりて念仏三昧を明かすのだと道綽はいう。

この道綽の釈し方に注目したい。

第四大門の第二はそもそも念仏三昧が諸経の宗致であることを明らかにすれば充分であるにもかかわらず、何故一相三昧などという三昧について二番も費やして註釈したのであろうか。それには深い理由があるはずである。

理由は、一相三昧の内容が明らかにされる二番を考察すれば明白であろう。

その第一番は、華首経を取意して、釈尊が堅意菩薩に告げた二種の三昧が引用される。三昧には、元来、一相三昧と衆相三昧の二種があると説く。

相において一と多（衆）に分類される。

この分類は集合体を区分する場合の最も単純な形式であろう。三昧の種類をすべてカバーするには先ず一か多かに仕分けすることであろう。

あらゆる三昧を属せしめるためには、一と多という二つのカテゴリーを立てることが便利である。

そこで先ず、一相三昧とはいかなる三昧であろうか。釈尊は次のような説法を堅意菩薩にする。

> 菩薩あり、その世界にその如来ましまして現にましまして法を説きたまふと聞き、菩薩この仏の相を取るに、もつて現じて前にまします。もしは道場に坐し、もしは法輪を転じ、大衆囲繞す(12)。

ある菩薩がある世界に住している。その菩薩が、ある世界にある如来が現にましまして説法しておられると聞き、説法者である仏の相を想像し思い浮かべる。

どのように思い浮かべるのかといえば、仏は現に自分の現前にましまして、もしは道場に坐しておられ、もしは法を説いて大衆にとりかこまれている、そのような仏の現実で具体的な相(ここには瞑想の相と説法の相があげられている。これら二相は仏の代表的な相といえよう。)を思い浮かべて見よというのである。

菩薩がこのような仏の相を心深く静かに思い浮かべると、一体何が菩薩の宗教的実存のうちに体験されるのであろうか。それを説くのが以下のことである。

諸根を収摂して心馳散せず、もっぱら一仏を念じてこの縁を捨てず。かくのごとき菩薩は、如来の相および世界の相において無相を了達し、つねにかくのごとく観じ、かくのごとく行じて、この縁を離れず。この時に仏像すなはち現じて前にましまして、ために法を説きたまふ。[13]

仏の相が深く菩薩の心の根柢へと想念されることによって、菩薩の六根（眼・耳・鼻・舌・身・意）の乱れは収束し統括され、散り乱れた心は静寂となり、その一仏の仏のみを専念することを通して、仏の相によって縁ぜられる対象は捨てられず憶念の心が持続される。

このようにして菩薩は仏の相を専念持続することができる。仏の相は、究竟的には無相の実相なるがゆえに、菩薩は如来の相および世界の相において無相を了達することができる。

かくしてかかる観行をつねに行ずることによって、行の対象である仏の相即無相が所縁として菩薩の心底に徹到し憶持される。その時仏はその相を通して仏の具象的な像が、菩薩に現前化して説法したもう。

菩薩は仏の説法を聞くや否やその刹那に、次のごとき宗教経験が菩薩の心底に生起する。

菩薩その時深く恭敬を生じて、この法を聴受し、もしは深、もしは浅、うたた尊重を加ふ。

菩薩この三昧に住して、諸法はみな可壊の相なりと説くを聞く(14)。菩薩には仏に対する深い恭敬の念が起こり、その恭敬の念によって菩薩の心は広く開け、仏法が仏法のままに如実に聴受されるようになる。たとえその受け止め方には浅深があろうとも、尊重の気持ちはただ一層増すばかりである。

菩薩はこの一相三昧に入り住して、仏が諸法はみな可壊の相なりと説きたもう教法を普遍的な真理としてありのままに聞き受け入れる。

諸法はみな可壊の相なりという仏の教法は一相三昧の枢要である。

一相三昧はまさしく諸法はみな可壊の相なり（諸行無常・諸法無我）という真理に了達せしめる三昧である。

しかも実は、このことは念仏三昧の一行においても重要で不可欠的に含意せしめられている三昧行であることに注目したい。

その理由は、先にも見たごとく安楽集では第四大門第二の此彼の諸経に多く念仏三昧を明かして宗となすことを明かすの項目下に註釈された八番の中、初めの二番で一相三昧が明かされ、後の六番で念仏三昧が明かされる。

念仏三昧が明かされる場合、「縁につき相によりて」と限定句が冠されている。実はこの縁と相に深くかかわっているのが一相三昧にほかならない。

その上、八番全体を包括する項目にすでに念仏三昧と標記されている以上、一相三昧は念仏三昧と内包関係にあることは明白であろう。

したがって、信文類末、追釈、真仏弟子釈において、安楽集第四大門第二から親鸞は第三番と第六番の二文のみを引用しているからといえども、一相三昧は決して軽視されてはならない。

ii　一行三昧

さらに、第二に文殊般若経を取意して説かれる一行三昧も軽視されてはならない。そこでは先ず、文殊師利が釈尊に「世尊いかなるをか名づけて一行三昧となす」と尋ねる。その問いに対して釈尊は、

一行三昧とは、もし善男子・善女人空閑の処にありて、もろもろの乱意を捨て、仏の方所に随ひて端身正向にして、相貌を取らず、心を一仏に繋けてもつぱら名字を称して念ずること休息なくは、すなはちこの念のうちによく過・現・未来の三世の諸仏を見たてまつる

べし。何をもつてのゆゑに。一仏を念ずる功徳無量無辺にして、すなはち無量の諸仏の功
徳と無二なればなり。これを菩薩の一行三昧と名づく。

と答える。

一相三昧と異なる点は、一相三昧の行者は菩薩であったが、一行三昧の方は善男子・善女人である。善男子とはサンスクリットでは kula-putra といい、立派な家系の出身で良家の子・若者を意味する。大乗仏典では、正しい宗教経験を持っている人を指す。また菩薩に対して呼びかけにも用いられるが、しばしば善女人 kula-duhitR と共に一対の表現をとって、世俗生活を営みながら仏法に帰依した男女を指す。

ここでは一相三昧の実践者が菩薩であるのに対して、在俗の仏法帰依者を指していると考えるべきであろう。なお、ちなみに正依の三部経では、善男子・善女人という一対の表現があらわれるのは、観経の中品下生段一回、流通分一回の二回、阿弥陀経に三回、計六回である。大経にはあらわれない。

そのような仏法帰依者の善男子・善女人が、静寂な場所におのれの身をおき、しばらく乱れ心をしずめ、仏がましますに在所にまっすぐ向かって身を正しく整えて、仏の相貌（姿）を観ず

ることは困難であろう。それに対して、心を一仏に繋けてもっぱら名字を称して念ずること休息しないで、念じ続けるならば、その憶念称名の念仏のうちによく過・現・未来の三世の諸仏を見たてまつるであろうという。

何故、一仏のみを憶念称名するに、過去・現在・未来三世にわたる一切の諸仏を見ることができるのかといえば、一仏を念ずる功徳は無量無辺であって、無量の諸仏の功徳と同一無二であるからだという。一仏を憶念称名する功徳が無量無辺なるがゆえに、その功徳は無量の諸仏方の功徳と同等であるからだという。

ここにも一即一切・一切即一という大乗仏教的根本原理が主張されているといわなければならない。

したがって、たとえ一行三昧とはいえ、それを行ずる善男子・善女人の心底に拡がる宗教経験は、十方世界の無量の諸仏方が各々それぞれ独自の菩薩行によって積重したもうた功徳がすべて総合されたほどの無量なる功徳が具足円融しているといわなければならない。

かかる宗教的事象を認識論的に表現したのが、一行三昧の念のうちによく過・現・未来の三世の諸仏を見たてまつるべしというダルマにほかならない。

以上の一相三昧と一行三昧の二種の三昧における、「諸法はみな可壊の相なり」と「過・現・未来の三世の諸仏を見たてまつるという普遍的ダルマ」と「極速円融的一即一切・一切即一」とは、いわゆる三昧行の形而上学的普遍原理であるといえよう。

それが意味するところは、あらゆる三昧行の根柢にはかかる普遍原理が見出されなければならないということではなかろうか。

さて、今取り上げている信文類（末）追釈、真仏弟子釈に引用された箇所が、安楽集巻下、第四大門の諸経所明念仏に釈されてきた第一番一相三昧・第二番一行三昧に続く第三番涅槃経に基づく念仏三昧の釈義である。

iii　念仏三昧

真仏弟子釈では、安楽集の「第三に涅槃経によるに」以下、この第三番全体が引用されている。それに基づいて念仏三昧とはいかなる三昧であるかを考察したい。

涅槃経の取意内容によれば、釈尊の言葉として、

もし人ただよく心を至して、つねに念仏三昧を修すれば、十方諸仏つねにこの人を見そな

はすこと、現に前にましますがごとし。が引用される。

なお、大正蔵巻十二所蔵の北本大般涅槃経四十巻・南本大般涅槃経三十六巻には、安楽集所引の文と合致する経文は見当たらない。

ただ、周知のごとく道綽禅師は十四歳にて出家され、先ず涅槃宗に入り専ら涅槃経を研鑽、後二十四回にもわたって涅槃経を講義された。禅師にとっては涅槃経は自家薬籠中の経典となっていたに違いない。そうした深い宗教経験の立場から今引用のごとき涅槃経に基づく念仏三昧の解釈が施されたのであろう。

ともかく道綽禅師によれば、涅槃経所説の念仏三昧は、もし善男子・善女人がつねによく至心に念仏三昧を専修すれば、その行者が山林にいても聚落にいても、昼夜を問わず、坐していようが臥していようが、時処諸縁を問わず、十方世界の無量の諸仏がつねにこの行者を、あたかも行者の眼前にいたもうがごとく、見そなわしたもうという。

その上、諸仏方は行者と共に住して供養を受けたもうという。

念仏三昧が、いかに行者と諸仏とのあいだを緊密に結びつけ親密な関係を現成せしめるかが窺知することができるであろう。

まさに念仏三昧の円融無碍なる大悲的活動の中で、行者自身の存在と諸仏の存在とが極速円融し、それを誠言として、生死罪濁の群萌である行者が阿弥陀如来の名号不思議の海水・尽十方無碍光の大悲大願の海水に帰入すれば、功徳・智慧のうしほに一味と成った世界―生死即涅槃、煩悩即菩提―が現成しているといえよう。

これぞまさしく仏仏相念の境位といえないであろうか。

それはあたかも釈尊が出世の大事を阿難に説法されんとして入定したもうた弥陀三昧大寂定における仏仏相念にも比定できるのではなかろうか。

念仏三昧は、それほどの比重をもった、親鸞によって大行とも呼ばれる行法であるといえよう。大行とは、

> もろもろの善法を摂し、もろもろの徳本を具せり。極速円満す、真如一実の功徳宝海[15]。

である。

念仏三昧の行法がいかに他の諸行を超越しているかを明らかにしたのが第四の引文であろう。まさしく念仏三昧の功能は他の諸行を超絶し、実に雑善をして比類とすることなどできない行法であるという。それゆえに、念仏三昧の行者こそ、譬喩的には一切衆生の中の好華と呼ば

れ、また希有華・上上華・妙好華・蔡華と名づけられる。

合法すれば、念仏のひとは、一切衆生の中の好人・妙好人・上上人・希有人であり、まさしく最勝人である。

iv　念仏三昧と真如実相第一義空との関係

今、親鸞の教行証文類に基づいて念仏三昧と第一義空との関係を瞥見しておきたい。

行文類大行釈に引用される安楽集巻上、第一大門、宗旨不同の文は、道綽が諸経の宗旨の不同を弁じた最初の段に観仏三昧経が引用されているが、(16)その中に出てくる文である。

それは釈尊と釈尊の父浄飯王との対話である。

釈尊は、父の浄飯王に対して先ずは念仏三昧を行じなさいと勧めたが、王は少々不満の念をいだいたのであろうか、釈尊に対して疑問をなげかけた。

仏地の果徳とは真如実相第一義空である。何ゆえに弟子であるわたくしをしてこれを行ぜしめないのか、と。

父王の理解には、明らかに念仏三昧の行によって得られる果は真如実相第一義空である仏地の果徳などではないという前提がある。

そこで釈尊は父王の懐疑に応答して、

諸仏の果徳、無量深妙の境界、神通解脱ましします。これ凡夫の所行の境界にあらざるがゆゑに、父の王を勧めて念仏三昧を行ぜしめたてまつる(17)のだと父王を諭している。

釈尊の応答から見ると、明白に諸仏の果徳というものは無量深妙の境界であり、神通によって得られた解脱の究竟位であって、到底凡夫によって行ぜられて得られるごとき境界などではない。それゆえに凡夫人である父王の機根に随縁して念仏三昧行を勧誘策進したのである。ここでわれわれは項目を改めて観仏三昧経における念仏三昧の説相を聞思したい。

A　観仏三昧経の念仏三昧

ここでわれわれは注意したいのであるが、観仏三昧経には念仏三昧行がわれわれ凡夫人をして真如実相第一義空という仏地の果徳を得せしめないとは述べられてはいないことである。むしろ逆でなければならない。凡夫人である父王の機根をもってして考えるならば、仏地の果徳を成就することを目的として行じることができる行こそが、念仏三昧であったという釈尊の慈悲心をわれわれはそこに感得しなければならないのではあるまいか。

もし念仏三昧が劣等な行でそれ相応の果徳しか得られないとするならば、父王への念仏三昧の勧めには、父王をして念仏三昧を行ぜしめるほどの説得力は発揮できなかったであろう。何故ならば、父王は真如実相第一義空の仏地果徳を真剣に願求しているからである。

父王の誠実さが垣間見られるのは、自からを釈尊の父親ではなく弟子として捉えて問いを発しているところにも、王位の立場からではなく仏弟子という仏地果徳を得ようと求道する行者の一人としての姿を窺知することができるからである。

そこで父王は念仏の功その状《かたち》いかんと念仏の功は何かを釈尊にたずねた。それに対して釈尊は伊蘭林《いらんりん》と牛頭栴檀《ごずせんだん》の譬喩をもって答えたのである。四十由旬《ゆじゅん》（yojana の音写。一ヨージャナは約七キロメートル）四方の伊蘭林のなかに一本の牛頭栴檀が根芽《こんげ》から次第に成長してくるという状況設定である。

伊蘭林と牛頭栴檀

譬喩に入る前に伊蘭林と牛頭栴檀各々について略説しておこう。伊蘭は梵語 eraṇḍa を音写した漢訳で、トウダイグサ科の大型の一年草トウゴマ（唐胡麻、漢名では蓖麻《ひま》という）の一種でインドまたはアフリカが原産地。種子は蓖麻子《ひまし》と呼ばれ、含んでいる油脂をしぼってひまし油をとり下剤やエンジンの減摩剤、印刷インクの原料などに用いられる。種子には毒分が含まれているところから古来悪臭をはなつ毒草と考えられ、香気の強い栴檀と対峙する植物として経典にはしばしば譬喩として用いられる。栴檀は candana の音写であり、ビャクダン科の半寄生常緑高木で熱帯アジアが原産、幹は三から十メートルにもなる。発芽時には独立して育つが、成長すると直径数ミリの吸盤で相手をえらばず寄生する。心材はその色合いによって白・赤・紫・黒などにわけられるが、もともと淡黄色で芳香があり白檀材としてしられる。仏像、美術彫刻などに用い、また心材、根株を細片とし、水蒸気蒸留法で生産されるサンダル油は高価な香油とされる。ここにいわれる牛頭栴檀は gosīrṣa-candana の音写で、南インド・マラヤ山（牛頭山）産出の赤栴檀のことで香気が最もすぐれているといわれる。

さて、釈尊は父王に対して、次のごとく譬喩を説く。およそ広さ三百キロメートル四方一面に悪臭をはなつ伊蘭の林があり、その中にわずか一本の牛頭栴檀が植わっているとしよう。牛頭栴檀が根芽のあいだはいまだ土からは出ていないので、伊蘭林はただ伊蘭の臭気のみがただよっていて、牛頭栴檀の香気は全くない。もし万一伊蘭の華や果実を食べたならば、伊蘭の毒によって発狂し死ぬであろう。しかしながら、その後牛頭栴檀の根芽が次第に生長して、わずかに樹木のすがたをあらわそうとするとき、牛頭栴檀の香気が昌盛《しょうじょう》に放たれてついに伊蘭の林を改変してしまい、伊蘭林一面をあまねくみな香美ならしめるであろう。そうすると牛頭栴檀によって改変し香美ならしめられた伊蘭林を見る衆生はみな希有の心を生ずるであろう。念仏三昧はそのようなものである。

ちょうどそれと同じように、一切の衆生が生死流転しながら迷いの世界の真只中にあって念仏する心も、悪臭毒気の伊蘭林の中で、芳しい香気を四方八方に放ち臭気をついには馥郁なる香気に変えてしまう牛頭栴檀のごときものである。ただよく念を繋けて止まざれば、定めて必ず仏前に生じる。ひとたび往生を得れば、即座によく一切の諸悪を改変して大慈悲を成就することは、あたかも牛頭栴檀なる香樹が広大な伊蘭林の臭気を香気に一変させるようなものである。

以上が釈尊の説かれた譬喩の概要である。譬喩の要点は、伊蘭の臭気自体が牛頭栴檀の香気によって改変されて牛頭栴檀と同じ香気へと転成するというのである。それは本質的な転換変化であるといわなければならない。父王が釈尊に問うた「念仏の功その状いかん」に対して用いられた譬喩であるから、念仏の功がいかにダイナミックな質的変化をもたらすものであるかを喩えた譬喩であるといえよう。したがって、この譬喩の指示に基づくかぎり、念仏の功は決して単に功徳を具徳というごとき一見静止的で内面的な響きをもっているような概念では到底表現できないほどの無限なる他者への大悲的無碍活動をもつ能動的で存在論的な現実作用を説こうとするものである。それこそが今の引用文観仏三昧経の意趣であるといわなければならない。

B　道綽による譬喩の合法

道綽は譬喩を合法して、伊蘭林は「衆生の身のうちの三毒・三障〔āvaraṇa-traya、業障〈karmāvaraṇa 五無間業—「『倶舎論』のなかに、五無間の同類の業あり。かの頌にいはく」として「信文類」(末) 明所被機に以下のごとく引用。「母・無学の尼を汚す、母を殺す罪の同類。住定の菩薩〈無漏定に住する最高位の菩薩〉、父を殺す罪の同類。および有学・無学を殺す、羅漢を殺す同類。僧の和合縁を奪ふ、僧を破する罪の同類。卒都波〈stūpa 塔〉を破壊する、仏身より血を出す(18)」〉・煩悩障〔絶え間なく生起して断じることのできない煩悩〕・異熟障〔悟りを得る機会の全くありえない世界に生れること〕〕、無辺の重罪」を象徴しており、牛頭栴檀は「衆生の念仏の心」を喩えるものであり、そして栴檀の根芽が次第に生長して「わづかに樹とならんと欲す」という時節がようやく到来し、牛頭栴檀の香気が昌盛に放たれ伊蘭林一面を遂にあまねくみな香美ならしめるという譬喩は、「一切衆生ただよく念を積みて断えざれば、業道成弁する」という宗教経験内容を喩えたものである。

今、牛頭栴檀によって喩えられる念仏の心が生起するのは、「生死のなかにありて」といわれるごとく生死の真只中においてである。しかも生死とは単に客観的に対象化された世界存在などをさしているのではない。ここにいわれる生死とは、われわれ衆生存在一人ひとりの宗教的実存の心底のうちで、まさしく現に今ここに体験されつつある刹那生死の最も根元的主体を指示する概念である。道綽が伊蘭林を合法した衆生の身のうちの三毒・三障、無辺の重罪とは、かかる「生死のなかにありて」と全く同義である。

しからば、そのような生死のなかにあっていかにして念仏する心が生起してくるのであろうか。そこに実は釈尊が「弟子である父王に対して勧めて念仏三昧を行ぜしめたてまつる」という釈尊の勧誘策進したもう説法の意義がある。

父王は念仏三昧の聞法に基づいて念仏三昧の行を父王の住する実存的現実世界の真只中で実践する。かかる実存的行を通してはじめて、父王は自己存在が刹那生死の身口意の三業をもって三毒・三障、無辺の重罪を現に犯しつつ生きている現実存在であることを思い知らされてくるであろう。それが牛頭栴檀の根芽が伊蘭林の大地の中に植えられた瞬間である。しかしそれは一気に樹木として成長するのではない。「根芽ありといへども、なほいまだ土を出でず」というプロセスが重要である。そして栴檀の根芽が次第に生長して「わづかに樹とならんと欲す」という時までのプロセスも、われわれは必須的条件として業道を成弁せしめる根本契機であることを決して軽視してはならない。

業道成弁とは、業事成弁とも業成ともいわれるが、ここでは念仏三昧行によって往生浄土という大乗菩薩道が成就することをいう。それはまさしく仏地の果徳、真如実相第一義空の成就にほかならない。「ただよく念を繫けて止まざれば」といい、さらに一切衆生「ただよく念を積みて断えざれば」という表現は、かかる実践行のプロセスを意味しているといわなければならない。

このプロセスこそが、われわれの生死世界の真只中において、「さだめて仏前に生ず。一たび往生を得れば、すなはちよく一切の諸悪を改変して大慈悲を成ずること、かの香樹の伊蘭林を改むるがごとし」と、往生浄土の究竟位が説かれる釈尊の説法に、はじめてその現実的生命が吹き込まれてくるであろう。

もしもこのような実践的プロセスをすべて捨象してしまうならば、念仏三昧の行は単なる抽象的な観念となってしまうか、または閉鎖的で教条的なドグマと化してしまうかであろう。それは枯渇した死せる念仏三昧といわなければならない。そのような死骸となった念仏三昧は、もはや香気昌盛もなければ、「つひによくこの林を改変する」というようなこともなければ、ましていわんや伊蘭林を「あまねくみな香美ならしむ」などということは期待できないであろう。そのような宗教的生命の枯渇してしまった念仏三昧の行者を見ても、一体何人が希有の心を起こすであろうか。

さらに、道綽は、しかしどうして「何によりてか一念の功力よく一切の諸障を断ずること、一つの香樹の四十由旬の伊蘭林を改めて、ことごとく香美ならしむるがごとくならんや」と問う。わずか一本の栴檀の樹が四十由旬四方もの伊蘭の林をかぐわしい香りに変えてしまうがごとく、たった一声の念仏の功徳によって、すべての罪障を断つことができるのであろうか、と問うのである。それに道綽は答えて、諸部の大乗経典に基づいて念仏三昧の功能の不可思議なることを顕さんとする。華厳経に説かれる「獅子の筋」「獅子の乳」「翳身薬」の三譬喩を用いて、それぞれ各々獅子の筋の譬喩は、もし人、菩提心のなかに念仏三昧を行ずれば、「一切の煩悩、一切の諸障、ことごとくみな断滅する」ことを明らかにし、獅子の乳の譬喩は、もし人、ただよく菩提心のなかに念仏三昧を行ずれば、「一切の悪魔・諸障ただちに過ぐるに難なし」をたとえ、翳身薬は、もしよく菩提心のなかに念仏三昧を行ずれば、一切の悪神、一切の諸障、この人を見ず。「もろもろの処処に随ひてよく遮障することなきなり」をたとえる。

念仏三昧がこのような能動的で積極的な作用・活《はたら》きかけを発揮する理由は、「よくこの念仏三昧を念ずるは、すなはちこれ一切三昧のなかの王なるがゆゑ」であるからだと道綽は華厳経の文をもって結論づけている。念仏三昧が一切すべてのあらゆる種類の三昧行を統括する最勝にして無上なる三昧として位置づけられている点からしても、念仏三昧の不可思議性が、どれほど無限なる特性をひめているか、ここにも窺い知ることができるであろう。

さらに、親鸞は安楽集下巻、第四大門、念仏三昧利益より、大智度論所説の「もしよくつねに念仏三昧を修すれば、現在・過去・未来の一切諸障を問ふことなくみな除くなり」の文を特に引用しているが、その引意は、他のすべての三昧は、それを実践することによって行者にもたらす利益は個別的にはたらき相対的であるが、念仏三昧は現在・過去・未来三世にわたって一切の諸障すべてが除かれるという最も普遍的にはたらき包括的であり、そのような意味で絶対的な行法であることを明らかにせんとするものである。

このように念仏三昧の無限性・普遍性が強調され高唱されることをもって、大乗菩薩行としての念仏三昧が本質的に根本規定されるのは、われわれ凡夫存在が凡夫人としてそれを実践できる行（それはいわば凡夫行ともいえるであろうが、そのような凡夫行）と切り離して、単に念仏三昧それ自体を規定せんとするものではないであろう。

先にも考察したように、釈尊が父王浄飯王に対して念仏三昧を勧進した意図が、まさしく父王の凡夫存在にこそあったことをここにふたたび想起したい。真如実相第一義空の仏地果徳を現に凡夫存在のうえに凡夫存在の機根に相応するしかたで現成せしめる行こそが念仏三昧であったといわなければならない。

Ⅳ　善導大師における念仏三昧

第四の引用文は散善義流通分五種嘉誉の文 no. 34 である。この文は観経流通分に説かれる、

もし念仏するものは、まさに知るべし、この人はこれ人中の分陀利華なり。観世音菩薩・大勢至菩薩、その勝友となる。まさに道場に坐し諸仏の家に生ずべし。[19]

の文が解釈される部分である。観経流通分 no. 32 は、尊者阿難の「世尊、まさにいかんがこの経を名づくべき。この法の要をば、まさにいかんが受持すべき」か、という問いかけより始まる。それはいわゆる「付属持名」段と呼ばれる。

王舎城の悲劇を機縁として韋提希が、

願はくは世尊、わがために広く憂悩なき処を説きたまへ。われまさに往生すべし。閻浮提の濁悪の世をば楽はざるなり。（中略）願はくは仏日、われに教へて清浄業処を観ぜしめたまへ。（中略）われいま極楽世界の阿弥陀仏の所に生ぜんことを楽ふ。やや、願はくは世尊、われに思惟を教へたまへ、われに正受を教へたまへ。[20]

という切実な請いに応じて、釈尊のお説きになられてきた教法はなんと名づければよいのか、そしてその教法のかなめはどのように受持すればよいのか、と尊者阿難は「当何名此経。此法之要当云何受持」no. 32と世尊に問いたもうた。

そこで、経名は「観極楽国土無量寿仏観世音菩薩大勢至菩薩」*Sutra of Visualization of the Land of Perfect Bliss, Buddha of Immeasurable Life, Bodhisattvas Avalokiteśvara and Mahāsthāmaprāpta* と名づく。また「浄除業障生諸仏前」*Purification and Elimination of Karmic Hindrances for the Attainment of Birth in the Presence of All Buddhas* とも名づく。(21)

さらに「なんぢまさに受持すべし。忘失せしむることなかれ」と、世尊は阿難に以下のごとく付属された。「この三昧〈近くは経名にいう「観」すなわち観仏三昧を指すであろう。しかし、その前no. 31にいわれている「かの国に生じをはりて、諸仏現前三昧を得ん」という三昧をも必然的に指すといわなければならない。何故ならば、その三昧を得ることには往生による必然性が含意されており、さらにかかる往生は経名にいう「観」によってもたらされるからである〉を行ずるもの」は、「現身に無量寿仏および二大士を見ることを得」るというのである。

「現身に」とは、「この身が現にこの世にありながら」という意味であろうから、直接的には経名にある観仏三昧を修する場と時である娑婆世界を指し、究竟的には諸仏現前三昧の得られる「かの国」である。

善導大師は玄義分釈名門 no. 9 において、仏説無量寿観経一巻という経名の観を釈して、

観といふは照なり。つねに浄信心の手をもつて、もつて智慧の輝を持ち、かの弥陀の正依等の事を照らす。(22)

という。

これが大師による観の根本的な意味である。観照という二字一句の概念は、七祖聖教全体でただ一回のみ安楽集巻下第八大門第三往生意趣 no. 47 に、

観照暉心、有無二諦、因果先後、十地優劣、三忍、三道、金剛無礙、証大涅槃。(23)

とあり、「観照暉心」の義として使われている。観照暉心とは、智慧の光明によって真実絶対の道理・法理が照らし出され見る心をいう。すなわち阿弥陀如来の大悲大智の無碍光によって照らされた真理を証ることを意味する。善導大師の「観といふは照なり」という根本定義も道綽禅師の観照暉心の義を受容されているといえよう。

i　聞名より憶念への究竟化

ところが、観経流通分ではさらに観仏三昧を修する行者に限定するのではなく、善男子・善女人へと善良なる男女にも拡大される。そのような者たちが「ただ仏名・二菩薩名を聞くだに、無量劫の生死の罪を除く」という。

これは明らかに「聞名」にほかならない。

ただ聞名するだけでも、これまで無限に生死流転するあいだに造ってきた生死罪濁の群萌であった者が「善男子・善女人」と呼ばれる程に、無量劫の生死の罪が消除されるという。

「消除」という概念に関していえば、曇鸞大師は「光明」について往生論註巻下 no. 72 に浄土論偈頌「仏慧明浄日　除世痴闇冥」を荘厳光明功徳成就と捉え、

> かの土の光明は、如来の智慧の報より起れり。これに触るれば、無明の黒闇つひにかならず消除す。[24]

とされ、そして消除するからこそ「光明」は、智慧そのものではないが、よく智慧と同等のはたらきをする。そこに光明の不可思議性が見出されると註解される。

また、道綽禅師は大経第十八願文を釈して安楽集巻上 no. 26 に、

たとひ一形悪を造れども、ただよく意を繋けて専精につねによく念仏すれば、一切の諸障自然に消除して、さだめて往生を得。(25)

と取意される。

また、観経では聞名よりさらに一歩すすめたもうて、「いかにいはんや憶念せんをや(26)」とも説かれ憶念が強調される。すなわち、ましていわんや極楽国土・無量寿仏・観世音菩薩・大勢至菩薩を常に心に念じ思い続けるならば、なおさらのこと無量劫の生死の罪は除かれると説かれる。極楽国土・無量寿仏・観世音菩薩・大勢至菩薩をただ聞名したのみでも無量劫の生死の罪が除かれるのであるから、ましていわんやそれらを受持し常恒にわれわれの心底深くに憶念すればなおさらであるという。

宗教経験が、聞名から称名へ、称名から憶念へ、さらに憶念から正念へと深化する宗教的行為は、実地においては重要である。

ちなみに善導大師が「憶念」という概念についてどのような意味で用いられているかを瞥見しておこう。

先ず、観経発起序 no. 5 で釈尊が韋提希夫人のために光台現国したもうた時、無量諸仏の国

土荘厳を見終わった夫人は、

われいま極楽世界の阿弥陀仏の所に生ぜんことを楽ふ。やや、願はくは世尊、われに思惟を教へたまへ、われに正受を教へたまへ。(27)

と請い願った。大師の「序分義」no. 9によれば、「われに思惟を教へたまへ」とは、定の前方便、かの国の依正二報・四種の荘厳を思想し憶念する。(28)

ことであり、「われに正受を教へたまへ」とは、

前の思想漸々に微細にして、覚想ともに亡ずるによりて、ただ定心のみありて前境と合するを名づけて正受となすことである(29)という。

憶念とは、定心へと究竟化していく浄土依正二報・四種の菩薩荘厳功徳相を思惟・思想するプロセスであり、そしてそのプロセスが次第に微細となり、行者の覚も想もともにはからいが滅せられて、ただ定心のみとなって所観の対象と一致することを正受と名づけるというのである。

この大師の釈義からも明らかなように、憶念とは思惟が必然的に定心へと究竟化していくプロセスであり、その究竟化を推進せしめる原動力が浄土依正二報と四種の菩薩荘厳功徳相であ

る。

ii　三縁釈―親縁・近縁・増上縁―

また、定善第九真身観を釈義される場合、大師は

なにをもつてか仏光あまねく照らすにただ念仏のもののみを摂する、なんの意かあるや。(30)

と、仏の光明は十方世界の一切群生海を差別なくあまねく照らしたもうはずなのに、何故念仏者のみを摂取不捨したもうのか、定善義 no. 12 に問答を施設して、三縁釈をもって、仏意の深義に親縁・近縁・増上縁のあることを明らかにされている。

A　親縁

第一親縁とは、

衆生、行を起して口につねに仏を称すれば、仏すなはちこれを聞きたまふ。身につねに仏を礼敬すれば、仏すなはちこれを見たまふ。心につねに仏を念ずれば、仏すなはちこれを知りたまふ。衆生、仏を憶念すれば、仏もまた衆生を憶念したまふ。彼此の三業あひ捨離

せず。ゆゑに親縁と名づく。(31)

という。念仏者が何故阿弥陀如来の光明に摂取不捨されるのかといえば、念仏者と阿弥陀如来との「あいだ」にそれぞれの身口意の三業が相互に捨離せず感応道交する行為的交流が起こるからだというのである。

そしてこのように交流は決して一人の念仏者にとどまらず、他者の念仏者との交流をも生起せしめるであろう。

またそれは単に念仏者のみならず、いかなる人々とも国境・民族・文化・言語等をもすべての差別を越えて、彼此三業の交流が現成するであろう。

かかる普遍的な交流が究竟的には現実化しなければ、あるいはそのような現実化へと方向づけされなければ、阿弥陀如来との身口意三業における彼此三業不相捨離とはいえないであろう。そのように方向づけされてこそ、はじめて阿弥陀如来の彼此三業不相捨離が普遍的な大悲的無碍活動となるであろう。

かかる普遍的な大悲的無碍活動にわれわれ念仏者が実地に入る時、真実なる意味において、第二近縁・第三増上縁も現成してくるであろう。

B　近縁

善導大師によれば、第二の近縁とは、

衆生、仏を見たてまつらんと願ずれば、仏すなはち念に応じて現じて目の前にまします。ゆゑに近縁と名づく。(32)

という。念仏者が阿弥陀如来の光明によって摂取不捨されているという宗教経験は、念仏者の心底深くに見仏の願い・思念が自然に起され、その自然法爾なる念に応じて念仏者の眼前に阿弥陀如来が出現したもうという体感である。

この「仏即応念現在目前」〔仏すなはち念に応じて現じて、目の前にまします〕という阿弥陀如来の大悲的能動こそ、摂取不捨の現実的活動（acting in reality）であり、われわれ煩悩成就の凡夫が娑婆世界の真只中で経験する現実の実地体験の証しである。

C　増上縁

第三の増上縁について、善導大師は以下のごとく釈義される。

衆生称念すれば、すなはち多劫の罪を除く。命終らんと欲する時、仏、聖衆とみづから来

りて迎接《こうしょう》したまふ。諸邪業繋もよく礙ふるものなし。ゆゑに増上縁と名づく。(33)

衆生が念仏を称念すれば、即座に多劫の罪が除かれ、臨終の時には阿弥陀如来と諸菩薩の来《らい》迎引接《こういんじょう》を受け、一切の業繋からの無碍の境地を体得できるという利益が、阿弥陀仏を称念するという念仏の称名行をもろもろの善行善根とはまったく比べものにならない異質的な仏道修行とせしめているというのである。

それゆえに念仏行が増上縁と名づけられ、その「念仏の功能《くのう》」がもろもろの経典の処々に広くたたえられている。善導大師は経典のなかでも特に浄土三部経をもって経証とされる。大師によれば、大無量寿経では、

四十八願中、唯明専念弥陀名号得生。(34)


と釈義され、四十八願すべてを第十八願に収斂し、しかも「唯明専念」と釈される。法蔵菩薩によって四十八願という種々さまざまな願事が誓願されているが、結局は「弥陀の名号を専念すれば得生す」という念仏往生の一行三昧が唯一の願事であった。

四十八願すべてはそこに究竟化される。

弥陀経では、

一日七日専念弥陀名号得生。(35)

十方恒沙諸仏証誠不虚。(36)

という二つの教法が小経の核心的ダルマであり念仏の功能である。

観経では、

定散文中唯標専念名号得生。(37)

が、観経の核心的ダルマであり念仏の功能である。

全七祖聖教で最初に増上縁の概念が現れるのは、浄土論解義分 no. 10 で「荘厳妙色功徳成就」とは偈頌に「無垢光炎熾、明浄曜世間」といえるがゆえであるという仏国土の器世間荘厳功徳成就を観察する十七種の第六荘厳妙色功徳成就を、曇鸞法師が往生論註巻上総説分観察門において

安楽浄土はこれ無生忍の菩薩の浄業の所起なり。阿弥陀如来法王の所領なり。阿弥陀如来を増上縁となすがゆゑなり。(38)

と註解したもうた文 no. 13 の中である。

安楽浄土は「光炎熾盛にして第一無比ならん」という法蔵菩薩の誓願によって建立され、阿

弥陀如来を増上縁となすから第一無比であるという。

さらに利行満足章の覈求其本釈 no. 126 に至って、

しかるに覈《まこと》にその本《もと》を求むるに、阿弥陀如来を増上縁となす(39)。

といい、第十八願・第十一願・第二十二願の三願的証を結して、

これをもつて推するに、他力を増上縁となす。しからざることを得んや(40)。

と、阿弥陀如来を増上縁となすことを根拠として、阿弥陀如来の本願力回向の大悲的無碍活動である他力それ自体が増上縁と呼ばれる。

増上縁はもはや静止的概念ではなく、ダイナミックな本願力回向の大悲的円融無碍作用を表象する概念といわなければならない。

道綽禅師は、安楽集巻上第三大門難易二道 no. 24 において、

大経にのたまはく、十方の人天、わが国に生ぜんと欲するものはみな阿弥陀如来の大願業力をもつて増上縁となさざるはなしと。もしかくのごとくならずは、四十八願すなはちこれ徒設ならん。後学のものに語る。すでに他力の乗ずべきあり。みづからおのが分を局り、いたづらに火宅にあることを得ざれ(41)。

という。

この解釈は、曇鸞法師が往生論註巻下 no. 58 において、国土体相について、仏土不可思議に二種の力があるとして、

一には業力、いはく、法蔵菩薩の出世の善根、大願業力の所成なり。

二には正覚の阿弥陀法王善住持力の所摂なり。(42)

と註解したもうた大願業力と善住持力とを統合して、先にすでに聞思したごとく、法師による第六荘厳妙色功徳成就の註解「阿弥陀如来を増上縁となすがゆゑなり」を論拠として、禅師は「阿弥陀如来の大願業力をもつて増上縁となさざるはなし」と大経取意文としたもうたのは明らかである。

さらに、法師と禅師との両釈解を継承したもうて、善導大師は玄義分序題門要弘二門 no. 5 において、

弘願といふは、大経に説きたまふがごとし。一切善悪の凡夫生ずることを得るものは、みな阿弥陀仏の大願業力に乗じて増上縁となさざるはなしと。また仏の密意弘深なり、教門暁めがたし。三賢・十聖も測りて闚ふところにあらず。いはんやわれ信外の軽毛なり、あ

　へて旨趣を知らんや。[43]

と、大経の取意文をわれわれ凡夫人の宗教的実存の「場」において、実に実存論的リアリティーとして、われわれ一人ひとりの心底深くに雷鳴のごとく響く阿弥陀如来の密意弘深として捉えられている。

そして、われわれ凡夫人は常没の凡愚底下の罪人以外のなにものでもないという現実相を思い知らせんがために、「いはんやわれ信外の軽毛なり、あへて旨趣を知らんや」（ましてわたくしは十信の位にさえも入ることのできない、風に吹かれ飛ぶ羽毛のごとき小さき凡夫存在であって、どうして阿弥陀如来の弘深なる密意をはかり知ることができようか）と、強くわれわれを次のごとく、濁世の道俗よくみづからおのれが能を思量せよ、と勧誡されるのである。

　仰ぎておもんみれば、釈迦はこの方より発遣し、弥陀はすなはちかの国より来迎したまふ。かしこに喚ばひここに遣はす、あに去かざるべけんや。ただ勤心《ごんしん》に法を奉《う》けて、畢命を期となして、この穢身を捨ててすなはちかの法性の常楽を証すべし。[44]

と教誡されて、玄義分序題門を標し終わられるのである。

唯々われわれ末代罪濁の凡夫は、心底深くに「ダルマ」につかえ、一生相続して、この娑婆世界に埋没せる己れの穢悪群生の身を捨てて、かの法性のさとりを開くべきであると、善導大師は、われわれ凡夫人はすべて阿弥陀仏の大願業力に乗じて増上縁となさざるはなし、と勧められるのである。

D　五種増上縁

また、善導大師の増上縁概念に関して、ここで聞思すべき重要な実践的「ダルマ」は観念法門第二段の五縁功徳分 no. 12–44 である。

観念法門の首題には観念阿弥陀仏相海三昧功徳法門とあり、尾題には首題の最後に経の一字が付加されている。このことは観経疏後抜 no. 38 に、

この義すでに証を請ひて定めをはりぬ。一句一字加減すべからず。写さんと欲するものは、もつぱら経法のごとくすべし、知るべし(45)。

とあり、さらにその大師のお言葉を受けて法然聖人が選択集後述に次のごとく述べられている。

静かにおもんみれば、善導の観経の疏はこれ西方の指南、行者の目足なり。しかればすなはち西方の行人、かならずすべからく珍敬《ちんぎょう》すべし。

就中、毎夜に夢のうちに僧ありて、玄義を指授す。僧とはおそらくはこれ弥陀の応現なり。

しかればいふべし、この疏はこれ弥陀の伝説なりと。

いかにいはんや、大唐にあひ伝へていはく、「善導はこれ弥陀の化身なり」と。

しかればいふべし、またこの文はこれ弥陀の直説なり。

すでに「写さんと欲はば、もつぱら経法のごとくせよ」といふ、この言誠なるかなや。

仰ぎて本地を討ぬれば、四十八願の法王なり。十劫正覚の唱へ、念仏に憑みあり。

俯して垂迹を訪へば、専修念仏の導師なり。

三昧正受の語、往生に疑なし。

本迹異なりといへども化道これ一なり。(46)

この法然聖人のご述懐は実に重く、われわれの心底深くに染みわたる誠に感動的なお言葉である。

同じ後述のはじめに、

善導和尚はひとへに浄土をもつて宗となして、聖道をもつて宗となさず。ゆゑにひとへに

善導一師による。（中略）善導和尚はこれ三昧発得の人なり。(47)

といわれた偏依善導の歴史的・教理的・実践的根拠となった宗教的原事実を如実に光闡するお言葉であるといわなければならない。

以上のことを考慮に入れると、経の一字付加に示唆されている意図が窺い知ることができるのではなかろうか。

さて、観念法門全体は、

第一段　三昧行相分

観仏三昧法 no. 1, no. 2–5

念仏三昧法 no. 6–8

入道場法 no. 9–10

臨終行儀 no. 11

第二段　五縁功徳分

述意 no. 12, no. 13

滅罪増上縁 no. 14–15

護念増上縁 no. 16–22

見仏増上縁 no. 23–33

摂生増上縁 no. 34–37

証生増上縁 no. 38–44

第三段結勧修行分 no. 45–50

以上の三段で構成されている。

その第二段の五縁功徳分は、先ず六部の往生経の経題のみを挙げ、次に五種増上縁の義を明かす述意が語られる。

つつしみて釈迦仏の教、六部の往生経等によりて、阿弥陀仏を称念して浄土に生ぜんと願ずるもの、現生にすなはち延年転寿を得て、九横の難〔九つの横死。寿命が尽きる前に死ぬこと〕に遭はざることを顕明す。(48)

五種増上縁とは、われわれ念仏往生を願う者が、現生の娑婆世界の真只中において、さらに百年の寿命が尽きた後においても、現世に寿命を延ばすことができ、尋常ではない九種の原因による死〔九横〕の難に遭遇しないための「すぐれたる強縁」〔「増上縁はすぐれたる強縁となり」

〔『尊号真像銘文』no. 11)〕をいう。

九横について、六五〇年に唐の玄奘によって漢訳された『薬師琉璃光如来本願功徳経』一〔後世の薬師信仰で漢訳の薬師経といわれる経はこれを指す。薬師如来は仏教医学の祖・本尊。〕には、阿難の「九横云何」との問いに対して、救脱菩薩が一々の横について以下のごとく答え釈解している。

一　若諸有情、得病雖軽、然無醫薬及看病者、設復遇醫、授以非薬、実不応死而便横死。又信世間邪魔、外道、妖之師、妄説禍福、便生恐動、心不自正、卜問覓禍、殺種種衆生、解奏神明、呼諸魍魎、請乞福祐、欲冀延年、終不能得。愚癡迷惑、信邪倒見、遂令横死、入於地獄、無有出期、是名初横。〔医療が得られないこと、また誤診による死。(49)〕

二　横被王法之所誅戮。〔刑死〕

三　畋猟嬉戯、耽婬嗜酒、放逸無度、横為非人奪其精気。〔不節制による死〕

四　横為火焚。〔焼死〕

五　横為水溺。〔溺死〕

六　横為種種悪獣所噉。〔悪獣による死〕

七　横墮山崖。〔転落死〕
八　横為毒薬、厭禱、呪［咀∨詛］、起屍鬼等之所中害。〔毒薬・呪詛による死〕
九　飢渇所困、不得飲食而便横死。〔餓死〕
是為如来略説横死、有此九種。其余復有無量諸横、難可具説(50)。

ここにも説かれているごとく、横死には九種のみならず無量の横死があり、つぶさに説くことは難しい。

九横は現代においても決して希なる横死ではない。横死の難に遭遇しないための「すぐれたる強縁」は、今日のわれわれにとっても、延年転寿とあわせて希求される増上縁であろう。その意味からも善導大師によって実践的具体的に明らかにされている観念法門の五種増上縁が荷っている宗教的意義は大きいといわなければならない。

五種増上縁の滅罪・護念・見仏・摂生・証生各々の詳細については割愛せざるを得ないが、親鸞聖人が引用あるいは註解された摂生増上縁・証生増上縁・護念増上縁の三種増上縁については、以下新たに項目を立てて考察したい。

iii　親鸞聖人における三種増上縁

先ず、本典最初に五種増上縁が現れるのが摂生と証生の二種増上縁である。

行文類大行釈下に、観念法門「摂生増上縁といふは、無量寿経の四十八願のなかに説くがごとし」として、第十八願〔本願加減の文〕が引用され、

これすなはちこれ往生を願ずる行人、命終らんとするとき、願力摂して往生を得しむ。ゆゑに摂生増上縁と名づく。no. 31

という。

当然ながらこれは善導大師独特の本願観が根柢にはあるといわなければならない。玄義分和会門二乗種不生是報非化において、

法蔵比丘、世饒王仏の所にましまして菩薩の道を行じたまひし時、四十八願を発したまへり。一々の願にのたまはく、(no. 24)

として、四十八願すべてを第十八願〈「もしわれ仏を得たらんに、十方の衆生、わが名号を称してわが国に生ぜんと願ぜんに、下十念に至るまで、もし生ぜずは、正覚を取らじ」〉本願取意の文〉に包摂して、

いますでに成仏したまへり。すなはちこれ酬因の身なり。

と釈され、阿弥陀如来の仏身仏土の報身報土も、一切衆生往生の因果も、この第十八願を根拠としていると見る本願観と同一の説相である。

さらに行文類では摂生増上縁の引文に続いて、

善悪の凡夫、回心し起行して、ことごとく往生を得しめんと欲す。これまたこれ証生増上縁なり。no. 32

という証生増上縁の文が引用される。これら観念法門所引の二文〔摂生増上縁と証生増上縁〕は、明らかに直前に引用された玄義分二文 no. 29–30〔弘願義増上縁と六字釈〕を各々助顕したもう引意である。

A　尊号真像銘文における摂生増上縁義

なお、尊号真像銘文に、唐朝光明寺善導和尚真像銘文として、

（一）智栄讃善導別徳の文 no. 8、

（二）玄義分六字釈の文 no. 9、

(三) 観念法門摂生増上縁の文 no. 10、
(四) 観念法門護念増上縁の文 no. 11、
以上四文の讃文のこころが解説されている。
その(三)が右に引用した行文類大行釈所引の観念法門摂生増上縁文と同じ文である。
親鸞聖人の解説の要点を以下聞思したい。
先ず、讃文は、

言摂生増上縁者　如無量寿経　四十八願中説　仏言若我成仏　十方衆生　願生我国　称我名字　下至十声　乗我願力　若不生者　不取正覚　此即是願往生行人　命欲終時　願力摂得往生　故名摂生増上縁[51]。

である。言摂生増上縁者とは、摂生は、
十方衆生を誓願にをさめとらせたまふと申すこころ[52]。
である。そのなかにいう十方衆生とは、
十方のよろづの衆生なり、すなはちわれらなり[53]。
という。

「すなはちわれらなり」といわれるところに、聖人がいかにわれわれ自身一人ひとりの実存的「場」のうちに第十八願文が捉えられているかが窺い知られる。決して第三者的立場ではない。

ところで、この摂生義について施したもう聖人の解釈には、後に展開されてくる聖人特異の願力摂得往生義がすでに顕彰されているといえよう。

すなわち、元来、摂生の生とは願力摂得往生の得往生の三文字を指すのであって、字義としては願力に摂取されて往生を得ることであり、表面上では現生正定聚位か否かは明らかではない。

摂生の生とは、聖人にとっては、願力摂得往生にいう得往生を指してはいるのであるが、実は摂のうちに「ダルマ」としてはすでに包含されているのであり、それゆえに摂生の解釈として、

十方衆生を誓願にをさめとらせたまふと申すこころ。

という文意のみで十全なる顕彰となっているのである。「誓願にをさめとらせたまふ」という意味のみで、往生が得られるのかどうかなどは、聖人にとっては解釈する必要はまったくな

かったのである。

阿弥陀如来の本願力回向を考えれば、摂生の深義は「誓願にをさめとらせたまふ」義で充分であった。

かかる深義は第十八願文中の乗我願力の乗についても、聖人が「のるべし」という通常の意味以外に「また智なり」(54)という特異な解釈を施されていることでもその証左といえよう。

ここにいわれる智とは、「願力にのせたまふとしるべしとなり」の意味であるといわれる。このことはまさしく先の「十方衆生を誓願にをさめとらせたまふと申すこころ」であると顕彰された摂生の深義を知るべしとの趣意である。

すなわち「願力に乗じて安楽浄刹に生れんとしるなり」(55)の「しる」であり、このような「しる」は、もはやわれわれが通常行なっている対象論理的分別的認識を通して知覚するがごとき「しる」ではない。

それは阿弥陀如来の無分別智〔仏智〕によって知らしめられる「しる」である。乗我願力を「しる」智は、われわれ凡夫人の自力的虚妄分別的認識によって知るような知ではもはやなく、阿弥陀如来の乗我願力によって知らしめられて「しる」仏智である。

仏智の回向によって知らしめられて「しる」人こそが、「ちかひを信じたる人」にほかならない。

それゆえに「若不生者不取正覚」の真実義が、聖人の釈解では、

ちかひを信じたる人、もし本願の実報土に生れずは、仏に成らじと誓ひたまへるみのり。(56)

という第十八願の「ダルマ」である。

なお、先にも考察した玄義分序題門要弘二門の文 no. 5

弘願といふは大経の説のごとし。一切善悪の凡夫、生ずることを得るは、みな阿弥陀仏の大願業力に乗じて増上縁とせざるはなし。

という文は、行文類大行釈 no. 29 にも引用される重要な弘願義〔元来、弘願とは、観経所説の法について真仮をわかち、その真実なる義を顕彰する概念である〕である。

その「乗」一字に、

乗字、食陵反、又宝証反、駕也、勝也、登也、守也、覆也。(57)

という十九字の割注〔本派本願寺蔵鎌倉時代書写本では上欄註記。また高田派専修寺蔵真仏上人書写本には無い。(58)〕がある。

『研鑽集記』上巻には、以下のごとく註釈されている。

訓意は願力に一任すること車に駕し、舟に登るが如し。次に乗を訓じて勝ということ解し難しと雖も『述聞』には「勝は已に克つなり。自力を捨つるが故に」と云へり。今はこの義に従ふ。これは能乗の相に約す。守覆は願力摂取して行者を守護覆育するが故に、これは所乗の徳を顕すなり(59)。

また、山邊・赤沼『講義』には、以下のごとく講義されている。

この字の音は食陵の反、また寶證の反でジョウ。訓は駕《か》《のる》—馬車に乗ること。勝—乗るは上に乗るのであるから、勝った者がのるとも云われる。それ故にこの勝の意味があるのであろう。登《とう》《のぼる》—舟に乗ることを舟に登るともいう、或いは登用の意。乗ると同意。守《まもる》—舟等に乗れば、その主になって守るの意味がある。覆《ふく》《おゝう》—乗るは上から覆ふとも云われる。他力信仰は、本願に乗託することである。それ故にこの乗の字が大切である(60)。

われわれは両者を相互に助顕しつつ「乗」の字訓について考察したい。

「願力摂得往生」について、親鸞聖人は以下のごとく正定聚位に住する現生性の意義を明らかにしたものである。

先ず、この六文字の意味は、

大願業力摂取して往生を得しむといへるこころ。

であるという。往生を得るか否かが決定される根拠は、大願業力によって摂取されるか否かである。

このことは、往生を得る刹那が、大願業力の摂取する刹那に移されることを意味する。それが聖人の根柢的で基底的な釈解であるところの、

すでに尋常のとき信楽をえたる人といふなり、臨終のときはじめて信楽決定して摂取にあづかるものにはあらず。

というところに明確に提示されている。

臨終の時よりも尋常の時が重視され、宗教経験論的には決定的であり、尋常の「時」が臨終の「時」を克服し超越している。

このことは同時に信楽の獲得・決定が、獲得・決定者をしてわれわれの娑婆世界の死を越え、生死を越え、流転輪廻を越えせしめていることを意味する。

以上の事柄をしめくくって次のごとく聖人は明言される。

ひごろ、かの心光に摂護せられまゐらせたるゆゑに、金剛心をえたる人は正定聚に住するゆゑに、臨終のときにあらず、かねて尋常のときよりつねに摂護して捨てたまはざれば摂得往生と申すなり。このゆゑに摂生増上縁となづくるなり(61)。

ここに、われわれが先に聞思したごとく、曇鸞法師と道綽禅師との両釈解を継承したもうて、善導大師が玄義分序題門要弘二門 no. 5 において、

弘願といふは、大経に説きたまふがごとし。一切善悪の凡夫生ずることを得るものは、みな阿弥陀仏の大願業力に乗じて増上縁となさざるはなしと。また仏の密意弘深なり、教門暁めがたし。三賢・十聖も測りて闚ふところにあらず。いはんやわれ信外の軽毛なり、あへて旨趣を知らんや(62)。

と、大経の取意文をわれわれ凡夫人の宗教的実存の「場」において、実存論的リアリティーとして、われわれ一人ひとりの心底深くに雷鳴のごとく響く阿弥陀如来の密意弘深として捉えられてきた増上縁の「ダルマ」が、親鸞聖人ご己証の現生正定聚位の「ダルマ」となって結成旨帰したといわなければならない。

B　尊号真像銘文における護念増上縁義

次に善導大師の讃文である、

言護念増上縁者乃至　但有専念　阿弥陀仏衆生　彼仏心光　常照是人　摂護不捨　総不論照摂　余雑業行者　此亦是　現生護念増上縁(63)

として尊号真像銘文 no. 11 に取りあげられている文が、㈣の観念法門護念増上縁の文である。

観念法門では no. 16 の文である。この文は先にも述べたごとく、「信文類」(末) 追釈、真仏弟子釈 no. 96 にも引用されている。

観念法門 no. 16 の文では、観経定善第十二普観 no. 20 と第九真身観 no. 17 が趣意されて現生護念増上縁が明らかにされている。なお観念法門ではこの後、十往生経 no. 17、弥陀経 no. 18、般舟三昧経 no. 19、潅頂経 no. 20、浄度三昧経 no. 21 などを取意して、現生護念増上縁を説く経五文が取意される。

今の讃文 no. 11 は第九真身観の趣意である。先ず、観経第九真身観の要点を以下概観しておこう。

第八像観を受けて第九真身観の最初に、

次にまさに無量寿仏の身相と光明とを観ずべし。(64)

という。第九真身観は、無量寿仏の身相と光明の二種の観察である。釈尊は阿難および韋提希に告げたまいながらも、「阿難まさに知るべし(65)」と阿難を特に指名して、以下説くことを心にしっかりと聞き逃すことなく「知るべし」と世尊はいわれるのである。そこには釈尊の深意が感ぜられる。

「阿難まさに知るべし」〈阿難当知〉という表現は、浄土三部経・異訳大経・異訳小経全体を通して、二回しか使われていない。大経の出世本懐とこの観経の第九真身観とである。「阿難応知(66)」は一回のみ如来会巻下弥陀果徳にも現れる。

したがって、「阿難まさに知るべし」はこれを含めると三度となる。いずれにしても希有な表現であるといえるのではなかろうか。

殊に「阿難当知」は、釈尊が出世本懐を説法される時に「阿難まさに知るべし(67)」といわれたお言葉はもっとも重要である。

観経の第九真身観においても「阿難まさに知るべし」は大経のそれと匹敵するほどの重みを

感ぜざるをえない。そこでも

一々の光明は、あまねく十方世界を照らし、念仏の衆生を摂取して捨てたまはず。(68)

という、われわれ凡夫人にとって阿弥陀仏救済史のもっとも根源的な「ダルマ」が説かれた経法だからである。

そこで、第九真身観では、はじめに無量寿仏の身相〔肌色・身長・眉間の白毫・仏眼〕が説かれる。次に無量寿仏の光明が「身のもろもろの毛孔より光明を演出す」と、以下のごとく説きはじめられる。

円光〔頭部から放たれる円形の光明〕の広さは、百億の三千大千世界のごとくであり、その円光のなかに百万億那由他恒河沙の化仏がましまして、その一々の化仏には無数の化菩薩の侍者がまします。

無量寿仏に八万四千の相ましまして、その一々の相に各々八万四千の随形好があり、その一々の好から八万四千の光明が放たれている。

以上の描写が無量寿仏の光明相の全体像である。一々数字が百億・百万億那由他恒河沙・八万四千と説示されているが、阿弥陀仏の光明は無量光といわれるように、そのリアリティーは無量であり無限である。それはいかなる具体的な数字を用いても表現できないはずである。しかし、経典にはこのように具体的な数字で説かれる場合が多い。その方がわれわれ有限なる凡夫人にとっては、無限世界への想像が具体的な数を通して逆に駆り立てられるのではなかろうか。

全体像が説かれた後に、第九真身観の描写は、われわれ凡夫存在の宗教的実存の「場」にまで深くかかわる仕方で説かれる。

一々の光明は、あまねく十方世界を照らし、念仏の衆生を摂取して捨てたまはず。その光明と相好と、および化仏とは、つぶさに説くべからず。ただまさに憶想して、心眼をして見たてまつらしむべし(69)。

という経文がそれである。

摂取不捨という表現は、浄土三部経・異訳大経・異訳小経全体において、ここのみに一回限り説かれる。それは阿弥陀仏救済論の核心的「ダルマ」であるといわなければならない。

ちなみに、親鸞聖人は本典総序に、

ああ、弘誓の強縁、多生にも値ひがたく、真実の浄信、億劫にも獲がたし。たまたま行信を獲ば、遠く宿縁を慶べ。もしまたこのたび疑網に覆蔽せられれば、かへつてまた曠劫を経歴せん。誠なるかな、摂取不捨の真言、超世希有の正法、聞思して遅慮することなかれ(70)。と高唱・讃嘆されている。

摂取不捨の真言こそ、われわれ曠劫多生の群生、末代罪濁の凡夫にとって、まさしく超世希有の正法「ダルマ」である。

そして摂取不捨の「ダルマ」は、聖人にとって、正法・像法・末法・法滅をつらぬく奇特最勝の妙典、一乗究竟の極説、速疾円融の金言、時機純熟の真教であった。

聖人よりおよそ八五〇年を経た現代においても、その「ダルマ」にふくまれている救済論的契機は持続されているといえよう。その意味からも阿弥陀仏回向の摂取不捨の「ダルマ」が、速疾円融・時機純熟と特性づけられていることの意義は深い。

それは時代・国家・民族・言語の異相を越えて発揮されなければならない摂取不捨の根源的原理でもある。

さて、尊号真像銘文讃文 no. 11 に戻ろう。観念法門の引文「言護念増上縁者」とは、

まことの心をえたる人を、この世にてつねにまもりたまふと申すことばなり。

と親鸞聖人は釈される。ここにいわれる「まことの心をえたる人」とは、

弥陀智願の回向の信楽まことにうるひと(71)

であり、いいかえれば、

無碍光仏の摂取不捨の心光をもつて信心をえたる人(72)

を指す。

具体的には、次の「但有専念阿弥陀仏衆生」の衆生存在であり、聖人の釈によれば「ひとすぢにふたごころなく弥陀仏を念じたてまつる」宗教的実存にほかならない。

そしてこのような実存が「この世にてつねにまもりたまふ」という宗教経験の構造が明らかにされるのが、次の讃文「彼仏心光常照是人」である。この文によって、その構造の三つの根本契機が以下のごとく明らかにされる。

a　第一契機「常照」…つねにてらす

「つねに」とは、

ときをきらはず、日をへだてず、ところをわかず

という。時をきらわないということは、特定の時に限定されないことであり、過去・現在・未来に限定されないことであり、あらゆるすべての刹那においてあることをいう。

このことは宗教的時間論として実に重要である。

固定的時間を設定しないという宗教経験は自由自在の境地を意味しており、時間的に融通無碍の宗教経験である。

そこではもはや娑婆世界での時間的繋縛の障害から解放されている。融通無碍の時間に生きる宗教経験では、すでに生と死との直線的個別的な時間の境界限定によってもたらされる一切の障害は超克されてしまっている。

以上、時間的立場から聞思してきたが、時間と空間とは不離の関係にあり、聖人も「ところをわかず」といわれる。場所を区別・差別・分割して特定化しないことであり、固定的な空間を設定しないこと意味する。

融通無碍の空間世界を生きる宗教経験においては、娑婆世界の空間と浄土世界の空間との「あいだ」が融通無碍となるであろう。

八十五歳の聖人が性信房に送られた御消息 no. 11 には、そのような融通無碍の宗教経験が、今ここにおいて、われわれ凡愚の心底深くに体感されるのではなかろうか。

光明寺の和尚の般舟讃には、「信心のひとは、その心すでにつねに浄土に居す」と釈したまへり。「居す」といふは、浄土に、信心のひとのこころつねにゐたり、といふこころなり。これは弥勒とおなじといふことを申すなり。これは等正覚を弥勒とおなじと申すによりて、信心のひとは如来とひとしと申すこころなり。(73)

次に、「てらす」という契機に関して、聖人は誰を照らすのか、その主体を明示される。

まことの信心ある人をばつねにてらしたまふ。

という。阿弥陀仏の心光が照らすのは「まことの信心ある人」である。救済論的にいえば、心光は無碍光であって十方衆生すべてを、信心があろうがなかろうが、照らしているはずである。

正信偈源信讃に、

われまたかの摂取のなかにあれども、煩悩、眼を障へて見たてまつらずといへども、大悲、倦きことなくしてつねにわれを照らしたまふ。

という。

阿弥陀仏の大悲心から放たれる光明の「無碍性」は、いかなる障碍も打破し貫通して照破することのできる大悲的無碍活動である。

しかし、このような光明観は、阿弥陀仏の光明がもっている核心的特性を十全に捉えているとはいえないであろう。

その特性を今聖人は尊号真像銘文の第一契機「常照」の「照」について、

てらすといふはかの仏心のをさめとりたまふ。

ことであると捉えられている。

b　第二契機「仏心光」…すなはち阿弥陀仏の御こころにをさめたまふとしるべし

照らすとは、阿弥陀仏の大悲心のうちに摂取不捨されることを意味している。われわれの凡愚心がそっくりそのまま仏心のうちに包摂内包されるという存在論的救済である。

光明はいわゆる「ひかり」の作用であるから、われわれ凡夫存在にとっては確かに視覚作用であり、闇が明るくなることによってわれわれは光を感知する。

しかし、阿弥陀仏の心光は、実はわれわれの視覚的感知がはたらく以前に、われわれを「をさめとりたまふ」と、聖人は釈される。われわれ煩悩成就の凡夫存在の全人格的存在を、身も心もともに、阿弥陀仏の仏心のうちに包み込んでしまうという存在論的救済としか表現できないような「てらす」在り方である。

実は「つねにてらす」という「てらし」の「常」の在り方はそのような存在論的救済の事態を指している。

ここに「しるべし」といわれる。知る主体は、今の場合、聖人八十六歳正嘉二歳〔一二五八年〕戊午六月二十八日に書かれた尊号真像銘文を、七六〇有余年後、目にしているわれわれでもある。知り方にも種々あるであろう。だが、「彼仏心光常照」の聖人釈義における「しるべし」といわれる「知」は、われわれ宗教的実存の「根源的場」において知る「知」でなければならない。

その「知」を通して、ここにいわれる「仏心光」をわれわれはわれわれ自身の根源的自己において知る。すなわち無碍光仏の御こころをわれわれ生死罪濁の凡愚心の真只中に知ることであり、阿弥陀仏の御こころに摂取不捨されている宗教的事実を知ることにほかならない。

c　第三契機「是人」…信心をえたる人

宗教的実存の「根源的場」において、阿弥陀仏の御こころのうちに摂取不捨されているという宗教的事実を知る「知」が生起してきた存在主体こそが、ここに「是人」と呼ばれる「信心をえたる人」である。

親鸞聖人は、観念法門の「彼仏心光常照是人」の直前に引用されている二句「言護念増上縁者」と「但有専念阿弥陀仏衆生」をすでに釈解される中で、前者は、

まことの心をえたる人を、この世にてつねにまもりたまふと申すことば(74)

であり、後者とは、

ひとすぢにふたごころなく弥陀仏を念じたてまつる

衆生であると明らかにされていた。

両者の釈義を受けていうならば、「是人」である「信心をえたる人」とは、「まことの心をえたる人」のことであり、「ひとすぢにふたごころなく弥陀仏を念じたてまつる人」を指す人である。

そのような「是人」こそは、「ひとすぢにふたごころなく弥陀仏を念じたてまつる」がゆえ

に、かかる「念」はまさしく阿弥陀仏を憶念している「心」である。

その「心」はもはやただ単に凡夫の心ではなくなっており、宗教的実存の根源的「場」においては、仏の心と同じ心となっているという側面がある。

その側面を表現して「まことの心をえたる」心、すなわち真実なる心をすでに得てしまっている心であるといわなければならない。

そのようにして「まことの心」を獲得した人は、阿弥陀仏が「この世にてつねにまもりたまふ」人となるのだという趣意が、「是人」について親鸞聖人が釈解したもう核心である。

さらにここでは、阿弥陀仏がわれわれ凡夫人を常に護りたもうという救済論的行為とは何かを具体的に明らかにされる。

それが、

つねにまもりたまふと申すは、天魔波旬にやぶられず、悪鬼・悪神にみだられず、摂護不捨したまふゆゑなり。(75)

と釈される。ちなみに、聖人は、「現世利益和讃」に、

南無阿弥陀仏をとなふれば　四天大王もろともに　よるひるつねにまもりつつ　よろづの

悪鬼をちかづけず no. 101、

さらに、

願力不思議の信心は　大菩提心なりければ　天地にみてる悪鬼神　みなことごとくおそるなり no. 107

と、摂護不捨の大悲心的能動活動が讃嘆されている。

以上、「この世にてつねにまもりたまふ」という宗教経験の構造を形成している三つの根本契機を聞思した。

なお、同一の観念法門現生護念増上縁の文が、尊号真像銘文の撰述された前年の奥書「康元二歳丁巳二月十七日　愚禿親鸞八十五歳これを書く」のある一念多念文意 no. 8 に釈義されている。

この増上縁の文は「一念をひがこととおもふまじき事」の証文として引用される。銘文と釈相が少々異なるので、新たに項目を設けて聞思したい。

C　一念多念文意における現生護念利益義

一念多念文意 no. 8では、「また現生護念の利益ををしへたまふには[76]」と前置きして、尊号真像銘文所引の文と同一の観念法門五縁功徳分護念縁の文「但有専念　阿弥陀仏衆生　彼仏心光　常照是人　摂護不捨　総不論照摂　余雑業行者　此亦是　現生護念　増上縁[77]」が引用される。釈義の要旨のみを二段に捉えて見ると以下のごとくとなるであろう。

第一段　「ひとすぢに弥陀仏を信じたてまつる」真実信心の人を「無碍光仏の御こころ」は、「つねにひまなくたえず」照らし護りたもう。それゆえに阿弥陀仏を不断光仏と呼ぶのである。「是人」の是とは、非に対する言葉であり、「真実信楽のひと」を是人と呼ぶ。それに対して、「虚仮疑惑のもの」を非人と呼び、「ひとにあらずときらひ、わるきもの」という。是人は「よきひと」という。

そこで、「摂護不捨」という観念法門護念縁の功徳が説かれる。親鸞聖人は、この四字を釈して、「摂」とは「をさめとる」ことであり、「護」とは、

ところをへだてず、ときをわかず、ひとをきらはず、信心ある人をばひまなくまもりたまふ。

ことである。

ここにいわれている「ひとをきらはず」という一句に注意したい。これは先の「是人」の是の釈義とも関係している。ただ、尊号真像銘文の釈義と異なる点は、一念多念文意の釈義では是人の反対概念として非人が挙げられ、非人とは虚仮疑惑の者であり、人に非ざる者と嫌われ悪い者を指すという。

しかし、先の「護」の釈義にいわれている「ひとをきらはず」とは、阿弥陀仏の「護」という大悲的無碍活動が意味されていなければならない。

それにもかかわらず、今、一念多念文意では「真実信楽のひと」が是人と見なされ、それとの反対概念として非人が「虚仮疑惑のもの」すなわち本願を信じない者と見なされて、さらに非人とは「わるきもの」であり「ひとにあらず」とまで嫌われるほどの者であるという。

これでは阿弥陀仏の大悲的無碍活動の「護」に含意されている「ひとをきらはず」という深義とはまったく相反する内容となるのではあるまいかという疑問がおこるであろう。

それゆえに、ここにいわれる「護」の「ひとをきらはず」とは、非人を指しているのではないといわなければならない。実は、「ひとをきらはず」の深義は、「ところをへだてず、ときをわかず」に続いて「ひとをきらはず」というのであるから、一切衆生すべてのひとを差別しない義として捉えられべきである。

それはまさしく阿弥陀仏の絶対普遍的な大悲的能動活動を具体的に表現した三相が、「ところをへだてず、ときをわかず、ひとをきらはず」であったのである。

「ところをへだてず、ときをわかず」の二相について、先に考察した第一契機「常照」の項で聞思したごとく、「ところをへだてず」とは、場所を区別・差別・分割して特定化しないことであり固定的な空間を設定しないことである。

「ときをわかず」とは、特定の時に限定されないことであり、過去・現在・未来に限定されず、あらゆるすべての刹那においてあることをいう。

それらと同じく、「ひとをきらはず」という第三相も、元来、阿弥陀仏の大悲的能動活動の実相自体においては、是人を護って非人を護らないという差別は、いかなる意味においても、一切ないはずである。

それでは一体ここでいわれている是人と非人とはどのような意味をもっているのであろうか。是人・非人の区別は、われわれ凡夫存在のいかなる実存的「場」において阿弥陀仏の大悲的能動活動の実相が現成する「場」となるのか、が問われる時はじめて区別の必要性の宗教的意義をもつ。

したがって、是人・非人の区別は、われわれの宗教的実存の「場」を特性づける限定概念であるといわなければならない。それは阿弥陀仏の大悲的能動活動自体を特性づける限定概念ではない。

親鸞聖人の釈義によれば、是人とは真実信心のひとを指し、非人とは虚仮疑惑のひとを指す言葉であった。

われわれの宗教的実存の「場」が是人と特性づけられるのは、その「場」に阿弥陀仏の利他真実の信心が獲得・開発されているからであり、他方、われわれの宗教的実存の「場」が非人と特性づけられるのは、阿弥陀仏の不可思議の本願・仏智が疑惑され信受されていないからである。

さらに、「護」について、一念多念文意では、

異学・異見のともがらにやぶられず、別解・別行のものにさへられず。

という利益が、「天魔波旬にをかされず、悪鬼・悪神なやますことなし」に追加されている。

異学・異見・別解・別行とは、善導大師は散善義上輩観、上品上生釈、深心釈に、

また深心は深き信なりといふは、決定して自心を建立して、教に順じて修行し、永く疑錯を除きて、一切の別解・別行・異学・異見・異執のために、退失し傾動せられざるなり。(78)

と釈される。

また同、回向発願心釈には、

この心深信せること金剛のごとくなるによりて、一切の異見・異学・別解・別行の人等のために動乱破壊せられず。ただこれ決定して一心に捉りて、正直に進み、かの人の語を聞きて、すなはち進退あり、心に怯弱を生ずることを得ざれ。回顧すれば道より落ちて、すなはち往生の大益を失するなり。(79)

と釈される。

また、二河譬において「あるいは行くこと一分二分するに群賊等喚ばひ回す」とは、

別解・別行・悪見人等妄りに見解を説きてたがひにあひ惑乱し、およびみづから罪を造りて退失する。(80)

ことに喩うと合法される。

また、法然聖人は選択集三心章に、

次に深心とは、いはく深信の心なり。まさに知るべし、生死の家には疑をもつて所止となし、涅槃の城には信をもつて能入となす。ゆゑにいま二種の信心を建立して、九品の往生を決定するものなり。またこのなかに一切の別解・別行・異学・異見等といふは、これ聖道門の解・行・学・見を指す。その余はすなはちこれ浄土門の意なり。文にありて見るべし。あきらかに知りぬ、善導の意またこの二門を出でず。[81]

と私釈されている。

以上の善導大師・法然聖人の釈解によって、異学・異見・別解・別行からわれわれ凡夫人が阿弥陀仏の大悲的能動活動によって現生護念され、非人には退落せず是人存在とせしめられているという宗教的事実が顕彰される。

最後に、親鸞聖人は一念多念文意の現生護念利益義を結成されて、

此亦是現生護念といふは、この世にてまもらせたまふとなり。本願業力は信心のひとの強縁なるがゆゑに、増上縁と申すなり。信心をうるをよろこぶ人をば、経〔『華厳経』・入法界品〕には諸仏とひとしきひとと説きたまへり。[82]

と述べられ、「信心をうるをよろこぶ人」こそ「諸仏とひとしきひと」であると現生護念利益義の究竟位を讃嘆されている。この点も尊号真像銘文には言及されてはいない。

V　観無量寿経における念仏三昧

さて、第五の文は、大無量寿経の三心（至心・信楽・欲生）と観無量寿経の三心（至誠心・深心・回向発願心）とが、一なのか異なのか、その一異をそれぞれの経文を引用しつつ註解される箇所にあらわれる念仏三昧である。いわゆる観経隠顕の段である。

実は正依の浄土三部経全体においては、念仏三昧という概念は二回ほど現れる。二回とも観無量寿経であって、大無量寿経・阿弥陀経には出てこない。二回とは第八像観と第九真身観にそれぞれ一回である。

ちなみに観無量寿経の念仏三昧のサンスクリット語に関して、藤田宏達博士は明らかではないがと断りながらも、字義通りには buddhānusmṛti-samādhi と想定されている。しかし、博士によれば、このようなサンスクリット語の実例は見当たらないという。むしろ、諸経典では、

samādhiを付記しないで表記された単にbuddhānusmṛti[83]とあるサンスクリット語を念仏三昧と漢訳する例が多く、その内容も見仏または観仏を指示しているという。[84]

i　諸仏如来はこれ法界身なり

先ず、第八像観の念仏三昧を考察する場合、重要なことは第八像観の大前提となっている次のごとき経文である。

諸仏如来はこれ法界身なり。一切衆生の心想のうちに入りたまふ。このゆゑになんぢら心に仏を想ふとき、この心すなはちこれ〔仏の〕三十二相・八十随形好なれば、この心作仏す、この心これ仏なり。諸仏正遍知海は心想より生ず。このゆゑにまさに一心に繫念して、明らかにかの仏、多陀阿伽度・阿羅訶・三藐三仏陀を観ずべし。[85]

本文は、観無量寿経における如来存在の形而上学的在り方を聞思する場合、最も重要な経文の一つであろう。

特に最初の文、

諸仏如来はこれ法界身なり。

というダルマは、これ以後の経説すべてに対する根本の大前提である。それはすべての如来の形而上学的存在は法界身であることを基本命題として提示する。阿弥陀如来も釈迦如来も決して例外ではない。

ちなみに、法界 dharm-dhātu には諸義があるが、辞書的定義[86]としてあげられる第一義は、倶舎論等に論じられる十八界の一である、

意識の対象となるすべてのものごと

を指す。倶舎論巻一によれば、受・想・行の三蘊と無表色と無為法とを法界と名づけ、十二処では法処とする。ただし、十八界の中、他の十七界も法と名づけられるから、広く有為・無為すべての諸法を法界ということもある。

十二処とは六根（眼・耳・鼻・舌・身・意）と六境（色・声・香・味・触・法）をいう。「処」の梵語 āyatana（梵語については、拙著親鸞浄土仏教思想論上第四章「如来の十義（Ⅱ）」二「四功徳処をもって仏地に来至する【第六義】Ⅰ四功徳処.iv「慧」D「一切智」を参照（五二三頁））とは、「養い生長させる」の義で、心・心所（心のはたらき）が起るための拠り所（所依・所縁）となってこれを養い育てるものとして、六根・六境を数えるのである。前者は、われわれの主観

に属する感覚器官またはその機能であるから六内処といい、後者は主観によって覚知される対象として客観に属するから六外処という。以上の十二によって一切法を摂し尽くす。

また十二処を五蘊（色・受・想・行・識）に配当すれば、色蘊は眼等の五処と色等の五処とおよび法処の一部に当たり、受・想・行の三蘊は法処に当たり、識蘊は意処に相当する。

また、十八界とは、この概念も十二処と同様、一切法を摂し尽くすとされる。界は種類・種族の義で、その梵語 dhātu には、m. layer, stratum; constituent part, ingredient; element, primitive matter; phlegm, wind and bile; primary element of the earth; metal, mineral, ore; element of words, i.e. grammatical or verbal root or stem; the ashes of the body, relics. などの諸義がある。また、界、身界、世界、大、根、根性、種性、種、言根、舎利などと漢訳される。[87][88] 十八界とは、一身中に十八種類の法がそれぞれ種類を異にし、それぞれ同じ状態で続いていることをいう。すなわち六根・六境と、そして六根と六境とを縁として生じた六識とを合わせて十八界と呼ぶ。十八の一々に界の字を加えて眼界・耳界等と呼ぶ。十八界から六識を除いて十二処という。六識は十二処中の意処を開いて詳しく分けたものである。

辞書的定義としてしばしばあげられるいわば第二義は、華厳思想の大成者ともいわれる第三祖法蔵の華厳経探玄記巻十八に以下のごとくあげられる法界の三義である。

法界是所入法有三義。一是持自性義。二是軌則義。三對意義。界亦有三義。一是因義。依生聖道故。摂論云。法界者謂是一切浄法因故。又中邊論云。聖法因為義故。是故説法界。聖法依此境生。此中因義是界義。二是性義。謂是諸法所依性故。此経上文云法界法性。弁亦然故也。三是分齊義。謂諸縁起相不雜故。初一唯依主。後一唯持業。中間通二釈。心境合目故云入法界也。(89)

探玄記によれば、法界とは、(1)聖法を生ずる因、(2)諸法の真実の体性、(3)諸法が各々の分斉をたもち、その相状が区別されること、の三義をあげ、さらに真如または一切法のことをいうとする。また、普賢の行願によって入る法界に以下のごとく五門があるという。

初中先明所入法界義有五門。一有為法界。二無為法界。三亦有為亦無為法界。四非有為非無為法界。五無障礙法界。(90)

さらに、第四祖澄観が唱えたといわれる四法界の宇宙観・世界観・存在論も法界の概念を考える場合には参考になるであろう。さらにいえば、自然科学的宇宙論に基づく現代思想を考える場合にも参照されるべき内容を含んでいるのではなかろうか。

四法界とは、

（1）事法界（差別的な現象界、事象の世界）

（2）理法界（平等的な本体界、真理の世界、宇宙のすべての本体は真如である。）

（3）理事無礙法界（現象界と本体界とは一体不二の関係。本体は無自性に他ならず、理と事とは相互に融け合って妨げない。事象と真理とが妨げなく交流・融合する世界）

（4）事事無礙法界（現象界そのものが絶対不思議であること。この法界観が究極の世界観として澄観は立てる。その根拠として「真理が事象を融ずるからである」とする。ただし、第三祖の法蔵までは「事事無礙」という語が使用されていないという。[91]）

また、敢えて指摘することを許されるならば、阿弥陀如来の広大無辺なる無碍光の働く大悲的「活動」の宇宙論を考える場合には、特に（3）（4）の「無碍性」の分析的構造は深い示唆を与えるのではなかろうか。さらに言及するならば、かかる分析的構造を一層緻密に思弁したホワイトヘッド有機体哲学の宇宙論コスモロジーは、阿弥陀思想にも華厳思想にも新たな光を照射する側面を持っているのではなかろうか。なお、大乗仏教思想とホワイトヘッド哲学について、比較思想論的研究序説を後日小著に概観的にまとめてみたいと思う。

さて、曇鸞の法界身観に戻ろう。浄土論の解義分において仏の荘厳功徳成就を観ずるに八種の相があるといい、その第二の相として荘厳身業功徳成就があり、それを理由づけ根拠となる偈頌が、総説分偈頌二句「相好光一尋色像超群生」である。この荘厳身業功徳成就を曇鸞は註解する中[92]、左記の観経第八像観の文について詳細に解釈している。それに基づいて考察したい。曇鸞は先ず問答を発こし、以下のごとく問う。

問ひていはく、観無量寿経にのたまはく、「諸仏如来はこれ法界身なり。一切衆生の心想のうちに入る。このゆゑになんぢら心に仏を想ふ時、この心すなはちこれ三十二相・八十随形好なり。この心作仏す。この心これ仏なり。諸仏正遍知海は心想より生ず」と。この義いかん。[93]

この問いに対して、曇鸞は次のごとく答え、観無量寿経第八像観に説かれる如来の法界身義を詳細に註解する。先ず、「諸仏如来はこれ法界身なり。一切衆生の心想のうちに入る」の経文を釈す。

答へていはく、身を集成と名づく。界を事別と名づく。眼界のごときは根・色・空・明・作意の五の因縁によりて生ずるを名づけて眼界となす。これ眼ただみづからおのが縁を行じて他縁を行ぜず。事別なるをもつてのゆゑなり。耳・鼻等の界もまたかくのごとし。「諸仏如来はこれ法界身なり」といふは、法界はこれ衆生の心法なり。心よく世間・出世間の一切諸法を生ずるをもつてのゆゑに、心を名づけて法界となす。法界よくもろもろの如来の相好の身を生ず。また色等のよく眼識を生ずるがごとし。このゆゑに仏身を法界身と名づく。この身他の縁を行ぜず。このゆゑに「一切衆生の心想のうちに入る」となり。(94)

先ず、法界身の身は集成の義であり、界は事別の義であるという。例えば眼界を取り上げてみると、われわれがある対象を眼を通して認識する場合、その認識は眼識と呼ばれるのであるが、眼識が起こってくるプロセスは、眼という視覚器官（根）と、それが向かう対象である事物（色）と、器官と対象とのあいだに広がる空間（空）と、対象を照らし出す光（明）と、対象を見ようとするわれわれの視覚意志作用（作意）という、五つの条件・契機（因縁）がそろって同時にはたらくプロセスであり、このような経過によって眼識は生ずる。かかる全体のプロセスを名づけて眼界が構成されるのである。

以上のプロセスは、眼がただ自己独自の見るという認識作用によってのみ対象を視覚認識するのであって、音を聞くあるいは香を嗅ぐという認識作用などはできない。これは眼によって識別できる対象のみを認識するのであり、他の感覚器官である耳とか鼻とかが認識作用する対象（他縁）は識別できない。これを事別という。したがって、眼によって識別できる認識領域を眼界という。界が事別の義であるとはこの意味である。

そこで「諸仏如来はこれ法界身なり」とは、曇鸞によれば、法界身の法界は衆生の心法を指す。まさしくわれわれの心である。われわれの心こそが、よく世間も出世間もともに存在するすべての一切の諸法を生ずる、すなわち心のうちに縁ずること、すなわち事別する・識別するのであるから、心を名づけて法界と呼ぶ。つまり諸法の事別・諸法の識別という意味である。一切の諸法の存在が、われわれの心に現成し生起し種々個々の法が区別（事別・識別）される。実はわれわれの心のうちに関わり、縁ずるかぎりでの対象が、一切諸法のそれぞれの法として区別・識別されて存在する。

したがって、諸仏如来の諸存在も何故われわれにとって存在するのかといえば、存在の根拠・実在性は、われわれの心の法界がよくもろもろの如来の相好の身を生ずるからである。われわれにとって諸仏如来が存在するといえるのは、このようにわれわれの心の法界に縁ずる・事別する・識別する存在身としてである。それはあたかも色等のよく眼識を生ずるがごとくである。このゆえに諸仏如来の身として存在する仏身を法界身と名づける。

この身は、諸仏如来の諸存在を構成する諸契機が集成して、われわれの心の法区別・事別すなわち法界として生起するのであって、他の縁を行ぜしめない。それゆえに、われわれ衆生の心法である法界のうちにもろもろの如来の相好の身（仏身）を生ずる。そのような仏身を「法界身」といい、「諸仏如来が法界身である」とは、われわれ衆生の心法のうちに入りたもうた諸仏如来の諸存在を指しているということになる。そのような状況が「一切衆生の心想のうちに入る」と表現された。

以上の立場から、次に観無量寿経第八像観に説かれる、釈尊が阿難および韋提希に告げたもうた、
このゆゑになんぢら心に仏を想ふ時、この心すなはちこれ三十二相・八十随形好なり。

という経文を考察して見ると、曇鸞はそれに関して以下のごとく註解する。

衆生の心に仏を想ふ時に当りて、仏身の相好、衆生の心中に顕現するなり。たとへば水清ければすなはち色像現ず、水と像と一ならず異ならざるがごとし。ゆゑに仏の相好の身すなはちこれ心想とのたまへるなり。(95)

先ず、曇鸞往生論註では引用されてはいないが、ここにいう衆生とは誰を指すのかといえば、経文では「なんぢら心に仏を想ふとき」とあるごとく、「汝ら」とは、直接的には阿難および韋提希であり、間接的には、これより以前に定善が説かれようとする前提として、釈尊は阿難および韋提希に対して、

明らかに聴け、明らかに聴け、よくこれを思念せよ。如来、いま未来世の一切衆生の、煩悩の賊のために害せらるるもののために、清浄の業を説かん。〈乃至〉いま韋提希および未来世の一切衆生を教へて西方極楽世界を観ぜしむ。仏力をもつてのゆゑに、まさにかの清浄の国土を見ること、明鏡を執りてみづから面像を見るがごとくなるを得べし[96]。

という。これからも明瞭なごとく、「汝ら」とは「韋提希および未来世の一切衆生」であり、しかも機根としては「煩悩の賊のために害せらるるもの」である。

さらに、釈尊は韋提希の機根を特に取り上げて「なんぢはこれ凡夫なり。心想羸劣にして、いまだ天眼を得ざれば、遠く観ることあたはず[97]」と明らかにする。

そこで韋提希に対しては、「諸仏如来に異の方便ましまして、なんぢをして見ることを得しむ[98]」という。韋提希に特異なる善巧方便が諸仏如来にはあり、韋提希をして阿弥陀仏の西方

極楽世界を見せしめることができる。

ところが、この釈尊の教法に対して、韋提希は「世尊、わがごときは、いま仏力をもつてのゆゑにかの国土を見る」ことができるが、「もし仏滅後のもろもろの衆生等、濁悪不善にして五苦に逼められん。いかんしてか、まさに阿弥陀仏の極楽世界を見たてまつるべき(99)」と再度問い返す。

これに対して、釈尊は「なんぢおよび衆生、まさに心をもつぱらにし念を一処に繋けて、西方を想ふべし(100)」と述べて、定善第一の観である日観が説かれる。そしてついに、第十三の雑想観までが説示される。

この釈尊と韋提希の問答には注意しなければならない点がある。些細なことではあろうが、釈尊は韋提希の重ねての問いかけを特に重視されたはずである。韋提希自身にとっては現に釈尊が眼前に在り、種々釈尊および諸仏如来の「仏力」を蒙ってきたので阿弥陀仏の極楽世界を見ることができた。

しかし、釈尊滅後の世に生まれてくる衆生は、濁悪不善にして五苦（八苦の中ではじめの四苦を一と数える）に逼められ、頼れる仏力などはない。一体いかにして阿弥陀仏の極楽世界を見たてまつることができるのであろうか。これが韋提希の問いの意図であった。

韋提希の問いの背後には、自分自身は「仏力」に出会っているからという自負心・慢心・傲慢・自惚れが見え隠れしているのではあるまいか。

釈尊はそのような韋提希の心を密かに読み取りたもうたのであろう。釈尊の応答は「なんぢおよび衆生」という。ここにいう衆生とは、韋提希の問いにあった「仏滅後のもろもろの衆生等」を指す。

ところが、ここに一見不要とも見える「なんぢ」すなわち韋提希に対しても呼びかけられているのである。それによって、韋提希の心のうちに、心想羸劣な凡夫ならば、とかく誰れの心にも起こりがちな慢心の念が釈尊には感知され、韋提希をも「仏滅後のもろもろの衆生等」の一人として加えられたことが窺い知られるのではなかろうか。

たとえ韋提希にとっては仏力に出会っているとはいえ、阿弥陀仏の極楽世界を見たてまつるには、

まさに心をもつぱらにし念を一処に繋けて、西方を想ふべし。

と、釈尊は定善十三観を説法したもう直前に要請されるのである。

さて、曇鸞の註解にもどろう。観無量寿経の「心に仏を想ふとき、この心すなはちこれ〔仏の〕三十二相・八十随形好なれば」の経文を釈して、曇鸞は次のごとく註解する。

衆生の心に仏を想ふ時に当りて、仏身の相好、衆生の心中に顕現するなり。たとへば水清ければすなはち色像現ず、水と像と一ならず異ならざるがごとし。ゆゑに仏の相好の身すなはちこれ心想とのたまへるなり。(101)

という。

われわれ凡夫なる衆生の心のうちに仏を想う時、仏の存在をわれわれの心の法界に縁ずるのである。

仏の存在身として事別・識別するのである。

われわれの心の法界に縁じて事別・識別される仏身が法界身と呼ばれる。それは仏身の相好（三十二相・八十随形好）がわれわれ凡夫なる衆生の心の中に仏身として縁じ顕現することである。

さらに、上記の引文において、顕現とはどのような現象（われわれの経験内容）をいうのかが譬喩をもって釈示される。清浄なる水面に物の形像が現れる。清水と水に映じた形像とは、両者とも水であることにおいては一（両者の異ならざる側面）であるが、水と映像ということにおいては異（両者の一ならざる側面）である。

ちょうどこれら両者の関係と同じように、仏の三十二相・八十随形好である相好身（譬喩では水面に映じた形像にあたる）をわれわれ凡夫の心（譬喩では清浄なる水面にあたる）に想う時、仏の相好身はわれわれ凡夫存在の心の法界の身として縁じ想せられた法界身である。それゆえに仏の相好の身すなはちこれ心想とのたまへるなりといわれる。

このことは、われわれ凡夫なる衆生が仏の相好身の存在性を考える場合には、つねに仏の相好身をわれわれ凡夫なる衆生の心の心法として、すなわち法界身として、事別し集成せる心想である、ということを意味する。

このような仏身存在論は、いわば曇鸞が中観哲学という大乗仏教の哲学的原理に基盤をすえて、その視座から深く思惟せんとした仏身論であるといえよう。

観無量寿経の「この心作仏す」とは、心よく仏を作るの義と曇鸞は捉える。

作仏とは、われわれ凡夫存在の心が何もないところから仏を創作・創出することではない。また心が仏を単に幻想のごとく造形するのでもない。

すでに見てきたごとく、心よく仏を作ることが成り立つためには、大前提としておかれた、

諸仏如来はこれ法界身なり。

という根本命題がつねに考慮されなければならない。

われわれ凡夫存在の心が法界といわれるのは、心がよく世間・出世間の一切諸法を生ずるからであるが、同様によくもろもろの如来の相好の身を生ずるのも、われわれ凡夫存在である衆生の心法である法界である。

それゆえに、諸仏如来は法界身と名づけられるのであるが、それは諸仏如来の身がわれわれ凡夫存在にとって経験的事実となる刹那は、われわれの心が諸仏如来の相好の身を心法である法界のうちに生じる刹那である。その身が他の縁を行じないで、われわれ凡夫存在の心想のうちに入る刹那である。

したがって、われわれ凡夫存在の心に、われわれ自身の経験的事実として仏を想う時、仏の相好身がわれわれの心のうちに法界身として顕現し、その顕現を観無量寿経では一切衆生の心想のうちに入りたまふという。

相好身は仏の三十二相・八十随形好であるから、仏の相好身がわれわれの心に顕現する法界

身は三十二相・八十随形好にほかならない。

それゆえに、われわれ凡夫存在の経験論的事実として仏の法界身が現実的に生起する仏身は、われわれの心に顕現した法界身であり、それはわれわれの心想のうちに入りたもうた仏の三十二相・八十随形好以外の何ものでもない。

ii　是心作仏　是心是仏

われわれ凡夫存在の心と如来存在の仏との不一不異・不一不二の有機的な関係を表現せんとした教法が、実は観無量寿経第八像観の是心作仏　是心是仏である。曇鸞によれば、是心作仏とは「心よく仏を作る」ということであり、是心是仏とは「心のほかに仏ましまさず」ということであるという。これら両句は切り離してそれぞれ別々に捉えられてはならない。

われわれ凡夫存在にとって、仏身が現実的にリアリティーとして存在する場は、かかる凡夫存在の心と如来存在の仏とのあいだに見出される不一不異・不一不二の有機的な関係（中観哲学における無自性的存在関係）においてである。

しかも、このような有機的な関係においてこそ、われわれ凡夫存在の心と阿弥陀如来の仏とが円融無碍的能動作用として関係する（互いに縁じあう）であろう。それは決して静止的で実体的な関係（中観哲学における自性的存在関係）ではない。そのような大悲的能動を表象したのが、曇鸞が用いた次のような火木の譬喩である。

たとへば火は木より出でて、火、木を離るることを得ず。木を離れざるをもつてのゆゑにすなはちよく木を焼く。木、火のために焼かれて、木すなはち火となるがごとし。(102)

この譬喩は実によく是心作仏　是心是仏における心と仏との有機的な関係をいいえて妙である。合法すれば、火は仏（所観の仏身）であり、木が心（衆生の能観の心）である。

譬喩から両者の関係をしばらく思惟して見たい。

「火は木より出でて」というが、木自体が火を発火させることはできない。火自体も自らを発火させることはできない。火はすでに発火後の現に燃えている事態を現象的には指す。したがって、「火は木より出でて」という表現は、何らかの仕方で木が燃えて火が木より現に炎を立ち上ている事態を指す。それゆえに、この譬喩は実はかかる事態を前提として出発していることを考慮しておかなければならない。つまりこの譬喩では火が木からいかにして何故燃え出したのかは全く問われていないのである。

さらに、「火は木より出でて」という事態には、火は木を燃料として燃え続け、木という燃料がなければ火は燃えないし燃え続けることはできない。また火にも木を燃やすというはたらきがなければ、木は燃えない。

このような火と木との関係を「火、木を離るることを得ず」という釈義が示している。火は木を離れてはもはや燃えない。火が木から離れては燃えないということは、火は木を燃やしてはじめて火となることを意味している。

このことは同時に火の火たる存在は木によってはじめて火となることをいう。また木が木としての本質的存在を持つのは火を燃やしてはじめて発揮できる。その意味で木は火なくしては木ではない。以上が「火、木を離るることを得ず」という命題のうちに含まれる諸義である。

「木を離れざるをもつてのゆゑにすなはちよく木を焼く」ということも、先に述べたごとく、火が木から離れては燃えないということであり、火は木を燃やしてはじめて火となることを意味する。

そこには火の火たる存在は木によってはじめて火となることが含意されている。「木、火のために焼かれて、木すなはち火となるがごとし」とは、まさしく木が木の本性を彰わにすることを意味する。木は火によって燃焼するが、決して消失するのではない。単に滅尽するのではない。

木は火となるのである。木は火へと転ずるのである。火は木を焼き己れ自身へと転換するのである。

さらに、この譬喩を進展させるならば、木が焼尽すれば、火も自然に消失するであろう。木も火も両者に共通の煙と灰へと転換し、ついには空気のごとき無色無形の虚空となり、有色有形の灰となるであろう。

以上のごとく、火と木の関係を分析的に捉えるならば、その関係は仏と心の関係をよく表現しているであろう。火と木の関係について思惟した先の分析的考察において、火を仏に、木を心にそれぞれおき換えて見れば、おおよそ仏と心がどのように相互に関わっているかを窺い知ることができるであろう。

ここではもはや繰り返さないが、仏と心とは、火と木とがそうであるごとく、いかに円融無碍的で有機的に関係しあい縁じあっているかが知られる。

そのような不一不異・不一不二なる有機的関係（縁起‐無自性‐空なる関係）において、火と木とのごとく、阿弥陀仏と凡夫との現実的活動（real acturality）は成り立つのではあるまいか。

iii　諸仏正遍知海は心想より生ず

仏と心との円融無碍的で有機的な関係を踏まえて、さらなる曇鸞の註解を紐解いて行こう。曇鸞は最後に観無量寿経第八像観の経文「諸仏正遍知海は心想より生ず」について以下のごとく註解している。

諸仏正遍知海は心想より生ずといふは、正遍知とは真正に法界のごとくにして知るなり。法界無相なるがゆゑに諸仏は無知なり。無知をもつてのゆゑに知らざるはなし。無知にして知るはこれ正遍知なり。この知、深広にして測量すべからず。ゆゑに海に譬ふ。[103]

ここで、曇鸞の註解を考察する前に、観無量寿経における「諸仏正遍知海は心想より生ず」という経文がいかなる文脈の中で説かれているのかを確認しておきたい。

先ず、「諸仏如来はこれ法界身なり[104]」という。今、善導定善義の解釈によって理解すれば、法界に以下のごとく三義がある。

（1）心遍するがゆゑに法界を解す。

（2）身遍するがゆゑに法界を解す。

（3）障礙なきがゆゑに法界を解す。[105]

第一義は、心が遍く行き渡り遍在するがゆえに法界といわれる。第二義は、身が遍く行き渡り遍在するがゆえに法界と呼ばれる。第三義は、何物にも障げられないがゆえに法界という。善導の法界義は、要するに心も身もいかなる障碍もなく遍満し遍在する三千大千世界なる無限の宇宙境界を指す。

しかし、これはすでに宇宙存在世界が静止的に措定されて、その空間世界に身心が遍満・遍在するというのではない。心身が無限に遍満し遍在する無碍なる宇宙境界を法界というのである。

この義を明らかにするのが、善導の次なる釈義である。

まさしくは心到るによるがゆゑに、身また随ひて到る。身は心に随ふがゆゑに是法界身といふ。法界といふはこれ所化の境、すなはち衆生界なり。身といふはこれ能化の身、すなはち諸仏の身なり。[106]

善導は、これより先、観無量寿経第八像観の経文「諸仏如来是法界身入一切衆生心想中」について、その趣意を明らかにして、「まさしく諸仏の大慈、心に応じてすなはち現じたまふこと」[107]を明かす文であると釈す。ここにいう心はわれわれ凡夫存在の衆生の心である。諸仏がわれわれ衆生に現じたもうのは、われわれがわれわれの心の方から諸仏の身を想念するからではない。実はわれわれの心が諸仏の身を想念することができるのも、諸仏が諸仏の方から大慈悲心を起こされ諸仏自らの身をもってわれわれの心に相応したもうからである。

これが善導の法界身理解の重要な根本的立場である。

先の引文で「身は心に随ふがゆゑに是法界身といふ」とは実にこの義にほかならない。したがって、法界とは、諸仏如来による所化の境であって、まさしく衆生界とも呼ぶべき境界にほかならない。身とは、諸仏如来がわれわれ凡夫存在の衆生を救わんと発願したもうて起こされる大慈悲心の顕現である能化の身であって、それこそが諸仏の身すなわち仏身にほかならない。

以上の考察によって明らかなように、所化の境と能化の身との有機的で縁起的な統合こそが法界身の構造的内容である。観無量寿経の経文「諸仏如来はこれ法界身なり。一切衆生の心想のうちに入りたまふ」という、短い文のうちにいかに深淵なる阿弥陀如来と一切衆生とのあいだにおける救済論的関係が秘められているか窺い知ることができるであろう。

そして、善導は「入一切衆生心想中」を解釈して、

入衆生心想中といふは、すなはち衆生念を起して諸仏を見たてまつらんと願ずるによりて、仏すなはち無礙智をもつて知り、すなはちよくかの想心のうちに入りて現じたまふ。ただもろもろの行者、もしは想念のうち、もしは夢定のうちに仏を見たてまつるは、すなはちこの義を成ずるなり。[108]

という。この段は諸仏がわれわれ凡夫存在の心想中にいかにして入り現じたもうのか、そのプロセスを解釈したものである。

先ず、プロセスの第一段階は、われわれ衆生が念を起こして諸仏を見たてまつろうと願じなければならない。プロセスのスタートはわれわれ凡夫存在の念・見・願の三つの契機が要請される。先にもすでに考察したごとく、念・見・願それぞれ衆生の機根によって強弱・浅深・長短等が一人ひとりすべて異なり、これら三つの契機はすべて凡夫存在の機根によって限定されるであろうが、いかなる機根にも諸仏は即応したもう。

この即応のはたらきこそが、諸仏の大慈悲心の慈悲的活動を象徴するものである。この慈悲的活動が、「仏すなはち無礙智をもつて知り」といわれる無礙智をもって諸仏がわれわれ凡夫

存在の衆生一人ひとりの機根の相異をすべて知悉したもう無碍的活動にほかならない。

無礙智の無碍性とは、決して衆生一人ひとりの機根の違いを無視して一つの固定した教法（いわゆる排他的ドグマ）に封じ込めることではない。それは衆生存在を蹂躙する宗教的教権以外の何ものでもないであろう。そこには真の意味での無碍性など毛頭ない。あるのは独断的で暴力的な迫害と抹殺がなされるのみであろう。

諸仏は無礙智をもって一切衆生の一人ひとりの異なった機根を知り尽くすからこそ、衆生各々の異なった機根の想心のうちに入ることができるのであり、機根に応じて諸仏の身は現成する。実は諸仏がわが身を衆生一人ひとりの想心のうちに現成することこそが、一人ひとりの機根相応にほかならない。相応なくして現成はありえない。相応即現成において、一切衆生一人ひとりの機根の異なった行者は、あるいは観想の中で、あるいは夢中において、見仏を達成することができるのだと善導は捉える。一切衆生の見仏成就は、諸仏の相応即現成という大悲的能動の明証にほかならない。

無礙智は当然ながら経文「諸仏正遍知海は心想より生ず」の正遍知と緊密に関係するであろう。正遍知は如来十号の一である。正遍知は samyak-saṃbuddha の漢訳であるが、モニエル

(Monier, *SED*) には仏教独自の意味として mfn. One who has attained to complete enlightenment (said of the Buddha), samyaksaṃbuddhatva, samyak-saṃbodhi (f, complete enlightenment) と定義されている。すなわち、正しく遍く真理を完全に覚ったひとの意味で、等正覚・正等覚とも訳される。

samyak-saṃbuddha を分析的に見ると、samyak は compound for samyañc であり、samyañc は、going along with or together, turned together or in one direction, combined, united, entire, whole, complete, all; turned towards each other, facing one another; lying in one direction, forming one line (as footsteps); correct, accurate, proper, true, right; uniform, same, identical; pleasant, agreeable; (ak) ind. in one or the same direction, in the same way, at the same time, together; in one line, straight; completely, wholly, thoroughly, by all means; correctly, truly, properly, fitly, in the right way or manner, well, duly; distinctly, clearly.[109] などの多義が提示されている。

これらの諸義で興味をひかれるのは、samyak が他の語と複合する前の原形 samyañc の最初に定義づけられている going along with or together, turned together or in one direction, combined, united, entire, whole, complete, all; turned towards each other, facing one another; である。

ここにまさしく先に考察したごとく、諸仏が無礙智を起こして一切衆生の一人ひとりの異なった機根を知り尽くし、衆生各々の異なった機根の想心のうちに入ることができ、機根に応じて諸仏の身は現成するという構造・プロセスが、samyañc というサンスクリット原語のうちに原義として含意されている上記の諸義に如実に示唆されていることを窺い知ることができるであろう。

ちなみに曇鸞は浄土論解義分、利行満足の最後の文「菩薩はかくのごとく五門の行を修して自利利他す。速やかに阿耨多羅三藐三菩提を成就することを得るゆゑなり[110]」を註解する中で、阿耨多羅三藐三菩提 anuttarā samyaksaṃbodhiḥ を解釈している。実は、この浄土論の文は、菩薩をして真に菩薩存在たらしめる重要な根本契機である自利利他の成就（利行満足）を釈す文である。

浄土論では五門とあるが、往生論註では五念門とする。前後の文脈から見れば、浄土論当面では前段に論じられる「また五種の門ありて漸次に五種の功徳を成就す、知るべし。何者か五

門」そしてそれを締めくくって、

菩薩は入の四種の門をもつて自利の行成就す、知るべし。菩薩は出の第五門の回向をもつて利益他の行成就す、知るべし。

とあって、そしてこれを受けて「五門」というのであるから、「五種の門」すなわち「近門・大会衆門・宅門・屋門・園林遊戯地門」を直接には指すと見るのが穏当であろう。

しかし、五種の功徳は、入出の次第の相を示現するものであり、初めの四種の門は入の功徳を成就し、第五門は出の功徳を成就する。そしてそれぞれの功徳成就は、五念門行である、

(1)礼拝して「かの国に生ぜんとなし」、
(2)讃嘆して「名義に随順して如来の名を称し、如来の光明智相によりて修行し」、
(3)作願して「奢摩他寂静三昧の行を修し」、
(4)観察して「毘婆舎那を修し」、
(5)回向して「大慈悲をもつて一切苦悩の衆生を観察して、応化身を示して、生死の園、煩悩の林のなかに回入して遊戯し、神通をもつて教化地に至る。本願力の回向をもつての
ゆゑ」、

以上のごとく、五種の功徳は、入出の次第の相を示現しつつ、各々五念門行をもってのゆえに得る功徳相である。それゆえに、曇鸞は浄土論の五門を自利利他成就の因行にまで掘り下げて五念門と捉えた。

さて、曇鸞による阿耨多羅三藐三菩提の註解にもどろう[111]。先ず、阿耨多羅三藐三菩提を「仏の所得の法」と捉える。したがって、阿耨多羅三藐三菩提を得た者が仏と呼ばれる。浄土論に「速やかに阿耨多羅三藐三菩提を得」とは、「早く作仏することを得る」ことである。

次いで曇鸞は阿耨多羅三藐三菩提のサンスクリット原語 anuttarā samyaksaṃbodhiḥを以下のごとく分析する。阿 a は無、耨多羅 uttarā は上、三藐 samyak は正、三 sam は遍、菩提 bodhi は道に名づくとし、これらを統括すれば、阿耨多羅三藐三菩提とは無上正遍道と漢訳されるというのである。以上は阿耨多羅三藐三菩提の言語的解釈である。

次に曇鸞は教学的註釈を施す。何故無上というのか。それはこの正遍道が、「理を窮め性を尽してさらに過ぎたるひと」がいないからである。仏の正覚というものは、真如法性の理をきわめつくしてこれに過ぎるものがいない。何故そのような事がいえるのであろうか。その根拠が第一に正遍道の正のうちにおかれる。ここにいう正とはまさしく聖智であり、聖者である仏が悟りたもうたところの智慧、仏智を指す。それを形而上学的に定義するならば、「法相のごとくして知る」ことであり、「法相のごとくして」というところに、この智慧が正といわれる形而上学的理由がある。

しからば、「法相のごとくして」とはいかなる仕方・在り方をいうのであろうか。それが次に明らかにされる「法性無相のゆゑに聖智は無知なり」という「縁起‐無自性‐空」の中観哲学の原理を根拠に見すえて主張される根本命題である。

「法相のごとくして」の法相とは、法性が無相なること、法性が無自性空であることを意味し、「法相のごとくして知る」ところの知とは、知る対象を無自性空なる仕方で知る、すなわち知る主体と知られる客体とが未分別の在り方で知る。知るというわれわれの主客二元対立の上に成り立つ通常の認識構造がそこでは崩壊する。

しかし、崩壊後になおもわれわれの知が成り立つような知は、もはや単純に知とは呼べないであろう。そこで曇鸞は無知という。このような無知は、われわれの通常の主客二元的知が根柢から崩壊・打破され、何処までも徹底的に否定尽くされることを通しておのずから・自然に生起してくる知、それは主客未分の知で、無知としか表現できないような知である。無知の無は単に知を否定することではない。何も知らないという意味でのいわゆる無知ではない。無知蒙昧とか無学文盲などを指すのではない。

「法性無相のゆゑに聖智は無知なり」といわれる時の無知の無は、法性無相の無に依拠しているのであり、主体と客体とを実体的に分ける通常の認識論的な知は、真実なる如実知見の知ではないとして、主体と客体を実体的に分けようとする固定的な実体化・実体視を否定する。かかる否定においては、主体と客体とは流動的となり相互置換的となる。「法相のごとくして知る」ような知は、固定化された主体もなければ、また固定化された客体もない、ただ知るという円融無碍な運動態自体、活動的能動となる。それは知るというはたらき自体となる。

A　真実智慧無為法身

曇鸞は往生論註巻下、解義分、浄入願心章において、浄土論「一法句といふはいはく、清浄句なり。清浄句といふはいはく、真実智慧無為法身なるがゆゑなり」[112]の文における「真実智慧無為法身」を以下のごとく註解している。

真実智慧とは、実相の智慧なり。実相は無相なるがゆゑに、真智は無知なり。無為法身とは法性身なり。法性は寂滅なるがゆゑに、法身は無相なり。無相のゆゑによく相ならざるはなし。このゆゑに相好荘厳はすなはち法身なり。無知のゆゑによく知らざるはなし。このゆゑに一切種智はすなはち真実の智慧なり。真実をもつて智慧に目《なづ》くることは、智慧は作にあらず、非作にあらざることを明かすなり。無為をもつて法身を標《あらわ》すことは、法身は色にあらず、非色にあらざることを明かすなり(113)。

真実智慧とは実相の智慧であるという。智慧が真実であるか否かは、それが実相を根柢とするか否かである。実相なる智慧が真実なる智慧とされる。しからば、実相とは何か。それは無相であるという。実相が無相であるから、真智すなわち実相なる智慧は無知でなければならない。

無相とか無知という概念でもってここにいわれようとしていることは、一切の個別の相への固執的な限定、一切の個別の智への固執的な限定をすべて否定しようとするものである。そのような否定が成り立つのは、まさしく「絶対無(114)」においてである。そこでは単に対象論理的に個別化されるような相や知はすべて否定される。

実体（自性 svabhāva：『中論』等で縁起・無自性・空として無化された自性(115)）化された相は決し

て実相などではなく、また主観―客観構想の二元的形式に依拠してはたらく認識作用を通して得られる分別的知は、真智と呼ばれるような無分別的智慧ではない。そこには、一切の、固定化され、対象論理的に客体化され、他との関係を全く断ち切ったような個別化においては真実在は見出されないという立場がある。そのような個はすべて抽象化された、その意味で虚仮なる個でしかない。それは実在としての無相的個ではありえない。

論註に論じられている実相としての無相とは、抽象化された実体（自性）的に対象化された個においては成り立たない。それは実体化された有相であり、実相としての無相は、実はかかる有相化された個として存在する有相が真に有相としてそこに在る有相直爾の根柢を指し示すものである。有相が有相として在る有相の直下、そこを無相と呼んでいるのであり、有相は実は無相の自己限定として有るとき、真に有相と成る。

このような無相と有相との脱実体（無自性）化の関係を、曇鸞は「無相のゆえに、よく相ならざることとなし」と表現したのであり、それが意味するところは、単に無相と有相との平面的な関係をあらわしたものではなく、また、無相が無相として有るということは、有相の背後に何か有相を有相たらしめているような無相と呼ばれる何等か個別なるものが存在するというのでもない、そのような無相はなおも有相と相対的に捉えられた無相という実体的に有化された有相でしかない。

無相が無相として在るというのは、「よく相ならざることなし」においてはじめて捉えられることをいう。したがって、無相とここに呼ばれている概念が意味している内実には、次の三つのことが見出されるであろう。

第一は、無相は、どこまでも一切の個別化された有相にとどまるものではなく、つねにそのような有相を、抽象化された、その意味で非実在的で虚妄なるものでしかないことをあらわにする。このことはいわゆる無相の否定的契機である。

第二に、無相が「よく相ならざることなし」において真に見出されるということは、相が実在的に相として在ることのうちに、すでに無相において在るといい得るのであり、これは無相の肯定的契機である。

第三に、無相は上述の否定的契機と肯定的契機との同一的即自性においてある。否定的契機において、無相は実体（自性）的に有相化されることを否定する契機であるが、それは実体（自性）化としての有相化が否定されるのであって、実在としての有相までも否定しているのではない。このことが第二に述べた無相の肯定的契機にほかならない。

しかし、この肯定的契機においては、実在としての有相といっても、もし個としての有相にとどまるならば、それはもはや実在としての有相ではなくなってしまうであろう。つまり、実在としての有相は、つねに実体化としての有相の否定において有るといわなければならない。しかし、実体化としての有相の否定は、有相の実在的存在性そのものの否定ではない。

以上のことから明らかなように、無相において、否定的契機が否定的契機として真に成り立つのは、肯定的契機においてであり、肯定的契機が肯定的契機として真に成り立つのは、否定的契機においてである。両契機の同一的即自性とはこのことを意味する。

かかる無相の在り方（両契機の同一的即自性）を、曇鸞は、

非を非するは、あに非を非するのよく是ならんや。けだし非を無《な》みする、これを是といふ。みづから是にして待することなきも、また是にあらず。是にあらず、非にあらず、百非の喩へざるところなり[116]。

と註解したのであろう。

真実智慧は実相なる智慧であり、実相とは無相であるから、真実なる智慧は無相なる智慧で

あるという真実観によれば、上論よりいえることは、真実性の真実なる所以は、まさしく無相において見られる否定的契機と肯定的契校との同一的即自性である。すなわち、固定的実体化を否定しつつ、そのことが同時に実在的有を開示するような場において、真実の真実性が見られている。

したがつて、そこに働く智慧は、無知であるといわれる。無相なる智慧が無知なのであるから、曇鸞は「無知のゆゑによく知らざることなし」という。ここにおいても無相の場合と全く同様に、無知の真実性は、分別的知の虚妄性を否定しつつ、それは決して知そのものの否定ではなく、「よく知らざること」がないところに実在的知がなりたつ。曇鸞は先の言葉を受けて「このゆゑに一切種智すなはち真実の智慧なり」と、一切種知なる知こそ、真実の智慧であるという。一切の知がそこで実在化する場、それは無知である。

さらに、ここで重要なことは、かかる実在的知がいたる領域が一切であるということである。一切のことがすべて知り尽くされている場が無知である。そこではもはや知るものと知られるものとの分裂は無くなつている。無知はつねに一切なる全体を包括する。いかに一切が無限であれ、つねに無知は包摂する。知らざるところがないとはそのような無限的包摂の知である。

このことよりいい得ることは、いかに新たに知られることも、そのことはすでに知悉されているということが成り立つような場が無知ということである。いかなる知も無知の自己限定として成り立つ。

真実の智慧の真実性は、そのような無知における無限的包摂性にほかならない。

曇鸞はこのことを、

真実をもつて智慧に目《なづ》くることは、智慧は作にあらず、非作にあらざることを明かすなり。(117)

といった。

「非作」とは対象化する知の否定である。しかしそれは知そのものの否定ではない。

「非非作」とは、対象化する知の否定である非作が、対象化する知が否定されることによって、対象化する知が成り立っている場そのもの（無知）までも否定し去ってしまう恐れがある方向を遮断するテーゼである。

「非非作」は、非作によって派生する誤謬を否定したものである。非作それ自体の否定ではない。むしろ逆であって、非作をして真に非作ならしめるような否定が非非作の否定である。非非作によって非作が成り立ち、また非作によって非非作が成り立つ。かかる非作と非非作とがそこにおいて同時に成立するような智慧が、真実の智慧といわれる。非作と非非作との勝義的縁起関係においてはじめて実相たる無知の無限的包摂性が成立する。

無為法身については、もはや詳論する必要はないであろう。曇鸞は、

無為法身は法性身なり。法性寂滅なるがゆゑに法身は無相なり。無相のゆゑによく相ならざることなし。このゆゑに相好荘厳すなはち法身なり。

という。無為法身とは法性身のことであり、法性は寂滅であるから、法身は無相である。無相であるから、一切のいかなる相をもとることができる。それゆえに、仏陀の相好荘厳それ自体は法身にほかならない。また、法身が無為ということによって言表されるのは、法身は非色非非色なるを示さんがためである。

以上、真実智慧無為法身において捉えられている真実性が、いかなる意味で真実といわれているのか明らかとなったであろう。

B　善巧摂化への展開

しかし、実は真実性がもしも単に無相無知自体においてのみとどまって語られるならば、そ

れは実体化された個別的有相に堕する虚妄的知であり、とりもなおさず虚妄分別的知でしかない。無相無知だけの議論に終わるならば、全く真実智慧無為法身の真実性はあらわにはなってこないであろう。それはさらに善巧摂化へと展開しなければ、真に真実智慧無為法身とはいえない。善巧摂化を通してはじめて真実智慧無為法身に見出された真実性が開顕される。

まず、曇鸞によれば、善巧摂化とは、浄土論に説かれる「かくのごとく菩薩は、奢摩他と毘婆舎那を広略に修行して柔軟心を成就す(118)」の文にあらわれた義を指すという。

特にその中の柔軟心を取り上げ曇鸞は次のごとく解釈する。

柔軟心とは、いはく、広略の止観、あひ順じ修行して不二の心を成ずるなり。たとへば水をもつて影を取るに、清と静とあひ資けて成就するがごとし(119)。

ここでは柔軟心がキーワードとなる。菩薩が善巧摂化の利他へと展開するのはそこにいう如実知こそが、「実相のごとくして知る」知であると釈す。何故広略の諸法を知る知が実相の知となるのかといえば、広略の三厳二十九種・一法句がすべて実相でない相はないからであるという。如実知の知こそ、先にいう不二の心 the mind of nonduality であり、かくしてここに柔軟心が生起し、巧方便回向が成就される。

それでは、柔軟心からいかにして巧方便回向が成就されてくるのであろうか。そこを曇鸞は次のごとく成就されるプロセスを分析的に解明している。

実相を知るをもってのゆゑに、すなはち三界の衆生の虚妄の相を知るなり。衆生の虚妄なるを知れば、すなはち真実の慈悲を生ずるなり。真実の法身を知れば、すなはち真実の帰依を起こすなり。(120)

この解釈は先述の真実智慧無為法身においてなされた無相無知の内容を受けていることは明らかであろう。

「実相を知る」とは、真実智慧の知を指し、「真実の法身を知る」とは、無為法身を知ることを意味する。したがつて、このような知は真実智慧無為法身を知の対象とするが、実は真実智慧無為法身の在り方は一切の対象論理的知の作用を否定するのであるから、真実智慧無為法身を知る知そのものは、日常的知の作用を何処までも自己否定することによって、はじめて実相的知に至るといわなければならない。

不二の心とはこのような知をいう。そこには先に論じたごとき無相無知が現成している。それはしかしもはや客体化を通して認識されるような分別的知ではなくなっている。それゆえにこのような知はわれわれの主観―客観二元的形式の認識作用の上には自覚されない。

しかし、無相無知なる実相的知は、全く無自覚であっていかなる知をも生起せしめないということではない。否、実相的知は実相を知るがゆえに、三界のうちに生死流転せる衆生存在の虚妄相がそこにあらわにされる。

「実相を知るをもってのゆゑに、すなはち三界の衆生の虚妄の相を知るなり」とはこの義にほかならない。実相を知るとは、虚妄の相を知ることである。さらに厳密にいうならば、衆生の相を虚妄なる相であると知る知こそが、実相の知であるといえよう。そして、実はこのように衆生の相を虚妄相と知る知のうちにおいて、実相の知は検証される。知が無相無知なる実相知であるか否かは、三界衆生の相が虚妄相であることをあらわに現前せしめるか否かに依る。

衆生の相が虚妄なる相でしかないことが知られてくるとき、実相的知に根差す知は決して単に衆生の相を虚妄であると、現状を現状のまま単純に認識するのみに停滞するごとき知ではない。そのような知はふたたび客体的知に堕した知（いわゆる傍観的知・第三者的知）であって、現状を単にいかなる現状であるか、眼前に対象化したにほかならない。虚妄の相を知る知が真に実相的知であるならば、その「知」より真実の慈悲心が生起せしめられなければならない。

単に虚妄を虚妄と分別するような知は、まさに相対的な分別知でしかなく、そのような知こそ虚妄分別知そのものである。それが実相的知であることを検証するには、その根柢に真実の慈悲心が生起しているか否かである。

慈悲心とは、虚妄を虚妄と知り、さらに虚妄を転じて真実ならしめんとする心である。慈悲心の生起にこそ、真実の真実たる所以の真実性が捉えられているといえよう。真実なる慈悲心の生起に至ってこそ、真実智慧無為法身の真実性が開示され顕彰されたといえる。しかし、慈悲心が虚妄なる慈悲心ではなく、真実なる慈悲心であるためには、当然、実相的知から現成してくるような慈悲心でなければならないことは無論である。

慈悲心において何故真実性が成立するのであろうか。

いくら実相的知に根差しそこから生起するからといっても、実相的知それ自体が慈悲心なのではない。実相的知の現実的現成態ともいい得る、三界衆生を虚妄相と見る知においてこそはじめて真実なる慈悲心が実働される。それは、虚妄相と見る知が、虚妄相を知る者をして、その相を真実相へと転成せしめんとする意志すなわち利他回向の願心を発起せしめるからである。

この願心こそ、願作仏心・度衆生心なる慈悲心である。

このように実相的知から現成せる慈悲心において真実性がはじめて真に見出されるというい
わば大乗仏教の根本原理が、親鸞の浄土仏教体系において語られているのが信巻に釈成されて
いる三心法義釈であろう。
まず、至心釈においては、如来が、清浄の真心をもつて、円融無碍不可思議不可称不可説の
至徳を成就し、かかる至徳を完成せしめた心、すなわち清浄の真心（これが至心にほかならな
い）を、諸有の一切煩悩悪業邪智の群生海に施したもうたことが明かされる。この回施された
至心が、以上のような内容をもっているがゆえに、親鸞は利他の真心を顕彰するものであると
捉えた。
次に、信楽釈では、最初に、信楽が如来の満足大悲円融無碍の信心海と規定される。そして、
この心は如来の大悲心であるから、必ず報土の正定の因となるという。衆生が報土に往生する
ための正しい決定的なる原因となり、しかも原因となることが必然的である。
如来は、かかる報土往生への決定的必然的因である無碍広大の浄信を、苦悩の群生海を悲隣
して諸有海に回施したもう。無碍広大の浄信とは如来の大悲心にほかならない。親鸞はそれを
利他真実の信心と名づけた。

ちなみに利他真実の信心という表現は、親鸞全撰述において二回のみあらわれる。高僧和讃天親讃に「尽十方の無碍光仏　一心に帰命するをこそ　天親論主のみことには　願作仏心とのべたまへ　願作仏の心はこれ　度衆生のこころなり　度衆生の心はこれ　利他真実の信心なり[122]」と讃嘆される。

第三心としての欲生については、まさしくこの欲生心こそ、如来にとっては、如来が衆生に対して積極的に能働して行く行為、回施せんとする意志そのものである。それゆえに、親鸞は欲生を「諸有の群生を招喚したまふの勅命」と定義づける。

如来が、一切苦悩の群生海を矜哀して、菩薩の行を行じたもうたとき、三業の所修、乃至一念一刹那も、回向心を首として大悲心を成就することを得たもうた。そこで、如来はかかる利他真実の欲生心を諸有海に回施したもう。

ここにいう欲生とは、まさしく如来の回向心であり、大悲心そのものである。

以上、三心に関する親鸞の解釈を見てきたが、ここにも明確にうかがえるごとく、親鸞にとって、真実とは、如来がつねに諸有なる群生海の実在的有を利他しつつあるプロセスそのものであり、群生海の実在的有に如来の願心が回向されるプロセスそれ自体こそが、真実性の開示にほかならない。

しかも、親鸞の場合、真実性が開示されるのは、如来自身においてではなく、如来から衆生へ回向せんとする如来の意志的行為たるプロセスそれ自体においてである。

このことは何を意味するのであろうか。

実相的知のうちに開かれてくる真実性は、如来のみにおいて成り立つものではない。それが回向自体のうちにはじめて成立するということは、衆生存在なくしては真実性は成り立たないことを意味している。何故ならば、衆生存在なくしては回向が成り立たないからであり、同時に、真実性が回向そのものにおいて成り立つということは、実は、回向された衆生存在そのもののうちにおいて、回向内容がいかなる意味で現成し、それが衆生存在それ自体をどのように転換せしめるのかが問われるとき、はじめて真実の真実たる所以の根本義があらわとなることを指し示めすものである。

したがって、回向の構造において成立するような真実観は、根本的には存在論的でなければならない。

C 「遍」の無限的拡大化の大悲的能動

実相的知のはたらきが、実は遍の無限的拡大化の大悲的能動にほかならない。そこで曇鸞によれば無限的拡大化の円融無碍的作用に二種があるという。

一つには、聖心あまねく一切の法を知ろしめすといわれる遍である。これは一切智と呼ばれる知のはたらきである。仏心の知のはたらきは、主客二元的に分別するごとき固定的実体化ではなく、無限の拡がりをもって一切すべての諸法をことごとく知り尽くすはたらきである。この遍は心的はたらきであり、遍の認識論的側面といえよう。

二つには、法身あまねく法界に満つといわれる遍である。これは仏の法身が無限の拡がりをもって一切すべての法界に遍く円満具足するはたらきをいう。この遍は身的はたらきであり、遍の存在論的側面といえよう。

両側面の関係は不一不二であり、不即不離である。聖心があまねく一切の法を知ろしめすという場合の知るはたらきは、一切法を主客二元的分別して知るのではない。すなわち聖心が一切法を実体的な対象（客体化）として知るのではない。聖心を起こす法身が一切法の法界に満つる仕方で知るのである。遍知と遍満とが同時に成り立つ時、はじめて正遍知の遍といわれうる。このような両側面の有機的な縁起関係が、もしは身、もしは心、遍せざるはなしといわれる遍である。

D　一道とは一無礙道なり

最後に正遍道の道とは無礙道であるという。無礙とはまさしく質量ともに遍の無限的拡大化の大悲的能動にほかならない。曇鸞は華厳経巻五菩薩明難品第六に説かれる偈頌「文殊法常爾、法王唯一法、一切無礙人、一道出生死、一切諸仏身、唯是一法身、一心一智慧、力無畏亦然」(123)を取意引用し、無礙とはいかなる在り方かを以下のごとく註解している。

一道とは一無礙道なり。無礙とは、いはく、生死すなはちこれ涅槃と知るなり。かくのごとき等の入不二の法門は、無礙の相なり。(124)

曇鸞は華厳経を引用して一即一切・一切即一の入不二法門こそが、無礙とはいかなる相であるか、その原理的構造を明らかにする法門であると註解する。これは正遍道の道の深義を解明した箇所であるが、道の原語は菩提 bodhi であった。つまり正覚・覚悟・悟り・仏覚である。一見、全く動きの無い、静止的寂静の境地のごとき世界と考えられがちである。しかしながら、曇鸞は、道とは無礙道の義であり、何処までも徹底的にいかなる障碍・繋縛・垢障をも打破し除去して超克するというのである。まさしく一道出生死である。

われわれ凡夫存在が生死の繋縛から解脱せしめられるという宗教経験こそが、無礙と呼ばれる宗教体験的な事実である。このような無礙の宗教経験を現実的な事実として、生死世界の真只中で体験する人こそ無礙人と呼ばれる。そこにこそ遍の無限的な拡大化の大悲的能動が成り立つというのである。

先に曇鸞が引用した華厳経の原文には「一切無礙人、一道出生死、一切諸仏身、唯是一法身」とある。一切の無礙人は、一道よりの出生死において成り立ち、また一切の諸仏身も、ただこれ一法身において成り立つ。ここに一即一切・一切即一の大乗仏教の形而上学的原理が見出されるであろう。

しかも先に述べたごとく、無上正遍道は、無礙と呼ばれる宗教体験的な事実として、われわれ凡夫存在一人ひとりのうちで、一人ひとりが流転輪廻の生死罪濁の悪業に繋縛された宗教的実存の真只中で、生死から解脱せしめられるという宗教経験が体感自覚される境位こそが、華厳経に説かれた一切無礙人、一道出生死という経の深義にほかならない。

実は、このような宗教経験が、善導が観無量寿経第八像観の経文「入一切衆生心想中」を解釈して述べた、

入衆生心想中といふは、すなはち衆生念を起して諸仏を見たてまつらんと願ずるによりて、仏すなはち無礙智をもつて知り、すなはちよくかの想心のうちに入りて現じたまふ。ただもろもろの行者、もしは想念のうち、もしは夢定のうちに仏を見たてまつるは、すなはちこの義を成ずるなり。(125)

という、行者一人ひとりの宗教的実存における見仏の体験自覚の事実であったといわなければならない。

E　生死すなはちこれ涅槃と知るなり――入不二の法門――

さらに曇鸞は、無礙を註解して、

無礙とは、いはく、生死すなはちこれ涅槃と知るなり。かくのごとき等の入不二の法門は、無礙の相なり。(126)

という。ここに無礙の相は入不二の法門であるという。入不二の法門は大乗仏教の哲学的原理

を理解する上で最も重要で根本的な普遍真理（縁起–無自性–空）を表象する命題の一つである。入不二とは不二に入ることであるが、ここでは生死すなわちこれ涅槃と知ることである。不二の二は、生死と涅槃を指す。したがって、不二は両者の関係を特徴づけ表現している概念である。不二に入るとは、まさしく生死すなわちこれ涅槃と知ることである。

不二を論じる時、重要なことは、入ることとはどのようなことか、であり、知ることとはいかなる経験内容か、である。ただ単に不二の構造をどれ程緻密に明らかにしようとも不二のうちにわれわれ凡夫存在の宗教経験が現に入らず知らなかったならば、すべてその議論は観念論的にすぎず、いわゆる中論観因縁品第一でいうごとき戯論prapañcaに堕すほかないであろう。しからば、われわれ凡愚底下の罪人という末代罪濁の機根の身で、いかにして不二の境地に宗教的実存経験として実地に入り知ることができるのであろうか。実はそれへの可能な菩薩道が切り拓かれたのが、七高僧と共に親鸞によって開顕された浄土真宗と呼ばれる真実の誓願一仏乗の菩薩道であったのではあるまいか。

親鸞は正信念仏偈に曇鸞浄土仏教の特殊性を「往還の回向は他力による。正定の因はただ信心なり。惑染の凡夫、信心発すれば、生死すなはち涅槃なりと証知せしむ。かならず無量光明

土に至れば、諸有の衆生みなあまねく化すといへり[127]」と高らかに讃嘆した。さらに高僧和讃曇鸞讃にも

往相の回向ととくことは　弥陀の方便ときいたり
悲願の信行えしむれば　生死すなはち涅槃なり[128]

と讃仰している。

ちなみに生死すなはち涅槃なりという根本テーゼに七祖聖教全体で言及される聖教は、今の曇鸞往生論註巻下、解義分、利行満足章における「無礙」に関する註解に一回、そして源信往生要集巻上、大文第四正修念仏、作願門に菩提心の行相として「縁理の四弘」を釈する中に二回、同巻中、大文第六別時念仏、臨終行儀、勧念を釈する中に一回、以上の四度である。

F　往生要集における生死即涅槃

往生要集では、以下のごとき解釈の中で生死即涅槃に言及されている。ここで瞥見しておきたい。まず、菩提心の行相に関する解釈の中で言及される生死即涅槃義である。源信にとって、菩提心とは、浄土菩提の綱要であるから非常に肝要である。わざわざ三門を設けて菩提心義を

決択するのである。

さらに、源信は行者に対して、釈義の繋きを厭ふことなかれとまで要請する。われわれは細心の注意をはらうべきであろう。大前提として、菩提心の行相は総じていえば願作仏心である。それはまた上求菩提下化衆生の心と名づく。別していえば四弘誓願である。それには二種がある。縁事の四弘と縁理の四弘である。前者は衆生縁の慈であり、また法縁の慈である。後者は無縁の慈悲である。

縁事の四弘とは、以下のごとくである。

一には、衆生無辺誓願度。

念ずべし、一切衆生にことごとく仏性あり。われみな無余涅槃に入らしむべしと。

この心はすなはちこれ饒益有情戒なり。またこれ恩徳の心なり。またこれ縁因仏性なり。

応身の菩提の因なり。

二には、煩悩無辺誓願断。

これはこれ摂律儀戒なり。またこれ断徳の心なり。またこれ正因仏性なり。法身の菩提の因なり。

三には、法門無尽誓願知。

これはこれ摂善法戒なり。またこれ智徳の心なり。またこれ了因仏性なり。報身の菩提の因なり。

四には、無上菩提誓願証。

これはこれ仏果菩提を願求するなり。いはく、前の三の行願を具足するによりて、三身円満の菩提を証得して、還りてまた広く一切衆生を度するなり[129]。

次に、縁理の四弘とは、以下のごとく釈義される。

一切の諸法は、本来寂静なり。有にあらず無にあらず、常にあらず断にあらず、生ぜず滅せず、垢れず浄からず。一色・一香も、中道にあらずといふことなし。生死即涅槃、煩悩即菩提なり。一々の塵労門を翻ずれば、すなはちこれ八万四千の諸波羅蜜なり。無明変じて明となる、氷融けて水となるがごとし。さらに遠き物にあらず。余処より来るにもあらず。ただ一念の心にあまねくみな具足せること、如意珠のごとし。宝あるにもあらず、宝なきにもあらず。もし「なし」といはばすなはち妄語なり。もし「あり」といはばすなはち邪見なり。心をもつて知るべからず。言をもつて弁ずべからず[130]。

少々長い引文であるが、ここに言及される生死即涅槃が往生要集における最初である。そして往生要集では生死即涅槃は三度とも必ず煩悩即菩提とセットで言及される。

縁理の四弘とは、真如法性の理法に縁じて発願する四弘誓願という意味であろう。実は縁事の四弘のほかに縁理の四弘が施設されていることは重要なことであり、その重要性と必要性は幾ら強調してもし過ぎることはない。

もし縁理の四弘が考えられなかったならば、縁事の四弘は真に縁事の四弘として作用せず邪偽・邪道に堕落する危険性さえ孕んでいるともいえよう。それほど縁理の四弘は不可欠なる四弘誓願である。

また同時に、縁理の四弘に根差した具体的なる実践的菩薩行として縁事の四弘が必然的に展開してこそ、はじめて縁理の四弘の施設された意義がある。もし縁事の四弘へと必然的にわれわれの生活体験のうちで実働を生起せしめるような四弘誓願でなかったならば、縁理の四弘は単なる観念論的で抽象的な空想にすぎないであろう。

さて、源信の縁理の四弘の解釈によれば、まず一切の諸法は、本来寂静なり。有にあらず無にあらず、常にあらず断にあらず、生ぜず滅せず、垢れず浄からず。一色・一香も、中道にあらずということなし。生死即涅槃、煩悩即菩提なりという。

龍樹の中論八不中道が想起されるであろう。一切法というものは、有無・常断・生滅・垢浄という二元対立のどちらにも偏向せず、偏執しない。ひとつの色、ひとつの香も今そこに現成している色・香の直爾においては、なんら偏向もなければ偏執もない中道と呼ばざるをえないような在り方でそこにある。

無色無形・無香無形という絶対無において、一色・一香が現成し自在している。

非一非色、非一非香とでも表現せざるをえないような、一の直下に非一、色の直下に非色、香の直爾に非香が自然法爾として成っているとでもいえるような、無限で無尽蔵なる大悲的能動が創造的な活動として直爾に現成している。

このような直爾の絶対無をダイナミックに表象せんとすれば、生死即涅槃、煩悩即菩提といわざるをえない。生死はただ生死のみにおいては成り立たない。涅槃もただ涅槃のみにおいては成り立たない。煩悩も菩提も同様である。生死即涅槃という表現には、前提として生死と涅槃とは相互媒介的な関係にあり、同時に形式論理においては相互否定的でありながら、有機体的生命論理においては相互に肯定的であることが意味されている。

相互に肯定的という関係は、生死が真に生死たらしめられるのは涅槃によってであり、涅槃が真に涅槃たらしめられるのは生死によってである。そのような関係は生死と涅槃とが相互に縁起―無自性―空の視座において見られるかぎりにおいてである。かかる視座を表現したのが即にほかならない。即は単純に肯定的な関係ではない。

それは西田哲学的に表現するならば、絶対矛盾的自己同一[131]とでもいわざるをえないであろう。しかし、もし自己同一性が強調されるならば、虚妄分別に堕してしまう危険性がともなうであろう。

そのような危険性を回避するためにも、

一々の塵労門を翻ずれば、すなはちこれ八万四千の諸波羅蜜なり。無明変じて明となる、氷融けて水となるがごとし

という文に説かれる転回の教法は重要である。塵労門と波羅蜜とは、両者がそのままで同一ではない。塵労門が波羅蜜と成るためには、翻転しなければならない。無明は無明のままで明では決してない。無明は自らが変転しなければ、明とはならない。氷は自らが融解しなければ水とはならない。

塵労門も無明も氷もすべて、それら自体において翻転・変転・融解といわれる動的プロセスが生起しなければ、塵労門と波羅蜜、無明と明、氷と水とのあいだに即と呼ばれるごとき自己同一性は現実的リアリティーとしては現成しないであろう。実はこの活動的プロセスにこそ即の即たる所以のリアリティー（実在）があるのではなかろうか。

しからば、活動的プロセスはいかにして起こるのであろうか。

氷が融けて水となるためには熱力がなければならない。氷は氷自体では融けない。そこには他者の何らかの力がはたらかなければ、翻転・変転・融解は起こらない。無明が明と変転するのも、無明以外の何らかの力がはたらかなければ、明とはならない。それが仏力であるが、実は仏力は明のうちに内在する力用である。それゆえに、無明は明によって明となるともいえよう。明は無明が変転して明となったものである。明の存在のうちに変転のプロセスが前提としてなければならない。明は活動的プロセスの結果だからである。

明は自己のうちに秘めている活動的プロセスを明の存在自体を通して無明に説示することができる。それがわれわれの娑婆世界では釈迦如来の説法であった。

われわれ娑婆世界の住民にとっては、釈迦如来は明を具現した唯一の存在者であった。

われわれは釈迦如来の説法によって、無明が現実相であることを思い知らされた。釈迦如来の教法に邂逅し聞法することを通して、われわれが無明存在であることにはじめて目覚めしめられた。それが無明の明への歴史的変転・転回であった。

そのことがいわれているのが、引用文の後半部分であろう。すなわちさらに遠き物にあらず。余処よりくるにもあらず。ただ一念の心にあまねくみな具足せること、如意珠のごとしという源信の解釈である。遠き物とは、後にいう一念の心より遠く離れたものを指すのであろう。余処よりくるという余処も一念の心以外の他の場所を意味しているのであろう。八不中道としてある一切諸法も、生死即涅槃も煩悩即菩提も、活動的プロセスである翻転・変転・融解もすべて、ただ一念の心にあまねくみな具足せること以外の何ものでもない。

これは一念の心よりこうした一切諸法すべてが現成し出現するというのではない。そうではなく、われわれ一人ひとりの一念の心を離れては、先にあげた一切諸法の在り方も活動的プロセスもすべてが意味を持たない。したがって、われわれ一人ひとりにとっては何ら存在しないのも同然である。

われわれが住む娑婆世界にあっては、一念の心とは釈迦如来の心を指すであろう。しかし、その心は同時にわれわれ一人ひとりの心に根源的には通底しているといわなければならない。何故ならば、釈迦如来においても、われわれ一人ひとりにおいても、一切の諸法は、本来寂静なりという普遍的真理は、いかなる時空にも成り立つからである。しかも普遍的真理はいかなるものからも限定されない。

宝あるにもあらず、宝なきにもあらず。もし〈なし〉といはばすなはち妄語なり。もし〈あり〉といはばすなはち邪見なり。心をもつて知るべからず。言をもつて弁ずべからず

という。まさしく八不中道の根本原理に基づく言語的執著の徹底的否定にほかならない。

iv　正遍知に関する曇鸞と善導における比較思想論的考察

正遍知に関して、曇鸞と善導においてそれぞれ具体的な註解が施されているので、ここで比較思想論的に考察を試みたい。

A　曇鸞における正遍知義

曇鸞は、正遍知について、先ず、

真正に法界のごとくにして知るなり(132)。

と字義を出す。正を真正に、遍を法界のごとくにして、知を知るとそれぞれ三字の一字一字を註解する。ここでは二点が重要であろう。

第一は真実であり、

第二は法界である。

そしてこの場合、真実は法界のごとくに知ることであり、法界のごとくにのうちに真実性が見出されている。一切諸法を法界のごとくに知らないような知は正知であるとはいえない。

曇鸞における法界とは、先にも考察したごとく、第八像観の諸仏如来はこれ法界身なりを註解して、

法界はこれ衆生の心法なり。心よく世間・出世間の一切諸法を生ずるをもつてのゆゑに、心を名づけて法界となす。法界よくもろもろの如来の相好の身を生ず(133)。

との解義に明らかである。

法界義はつねにわれわれ一切衆生の心法の領域として理解されている。衆生の心法を離れては法界に関する註解はすべて戯論に堕すといっても過言ではないであろう。われわれ衆生の心

法が何故法界と呼ばれるのかといえば、われわれの心が、

よく世間・出世間の一切諸法を生ずるをもつてのゆゑに。

という。

世間・出世間の一切諸法がわれわれ衆生にとって在るという時、われわれの心に生起するかぎりでの法でなければならない。その中に出世間の諸法が含まれていることに注意しなければならない。われわれの存在が世間内存在でありながら、それを越える出世間の諸法を知ることができるのは、われわれの心が世間の諸法と共に出世間の諸法を生起せしめるからである。出世間の諸法の一つとしてもろもろの如来の相好の身が含まれる。

如来の知はつねに如来の願心が衆生の心法に相応して向けられてこそ真実なる知となるといわなければならない。

さらに、往生論註巻下、解義分、起観生信章に、

浄土論の礼拝門いかんが礼拝する。身業をもつて阿弥陀如来・応・正遍知を礼拝したてまつる。(134)

に出る阿弥陀仏の三号（如来・応供・正遍知）が註解されるが、そこに正遍知が釈される。

曇鸞はその解釈に入る前提として、

諸仏如来に徳無量あり。徳無量なるがゆゑに徳号また無量なり。もしつぶさに談ぜんと欲せば、紙筆も載することあたはず。[135]

と、徳号がいかに無量なるかを強調している。諸仏如来には無量なる徳がそなわっているから、その徳をあらわす名号もまた無量であるという。この指摘は一見、当然でもありまた単純なことのごとくに考えられがちであるが、この文脈では重要であろう。

浄土論では如来・応・正遍知の三号のみが出されている。曇鸞はわれわれが三号のみに拘る恐れのあることへの注意を喚起しているのではなかろうか。徳号を具体的に詳述しようとするならば、到底紙筆などでは表現できない。徳号の背後には無限なる功徳の世界が開けている。通常、もろもろの経典では、仏号として十名をあげ、あるいは三号を出す。

今、浄土論に三号のみが出されているのは、

けだし至宗を存ずるのみ。あにここに尽さんや。[136]

と曇鸞は理解する。三号は極めて主要な仏号であるというにすぎず、決して三号に限定窮尽されるものではない。それらは無限な功徳が三号各々に自己限定し三号各々として自己表現した

ものにほかならない。

三号各々の仏号は、いかなる仏号であれ、われわれをして無限なる功徳世界へと誘引せしめ、われわれの繋縛を開放せしめる。実は、そこにこそ諸仏如来がそれぞれ独自の徳号を自己表現している意義がある。

先ず、如来について、曇鸞は、
法相のごとく解り、法相のごとく説き、諸仏の安穏道よりくるがごとく、この仏もまたかくのごとく来りて、また後有のなかに去らず。ゆゑに如来と名づく。(137)

と註解する。われわれはかかる如来の仏号を聞き、真如一実の功徳宝海に帰入する時、仏号を通してわれわれは法相のごとく解り、法相のごとく説き、諸仏の安穏道よりくるといわれるような如来存在の在り方を知ることができるであろう。

そして、その存在は決して後有のなかには去らない。「後有のなかに去らず」には二義が重層しているであろう。

第一義は、無論如来存在自体が自性的有の迷妄なる生とはならないこと。

第二義は、如来存在は如より来生せる存在であり、このことは如よりわれわれの輪廻転生の迷いの生死界へ来生せる存在であることを意味しており、その来生の目的はわれわれ衆生をして生死から解脱せしめ、もはや自性的有の迷妄なる生へとは二度と退転せしめない存在であること。

次に、応とは応供である。仏はすべての結使（煩悩）を滅除し尽して、一切の智慧（一切智）を得て、応に一切の天地の衆生の供養を受けるべき存在であるから応供と呼ばれる。この仏号にも一切すべての衆生から当然供養を受けるにたる一切の功徳を持っているからかく名づけられる。われわれ衆生の側に当然のごとく仏に供養して、その仏恩に報ずるだけの充分なる利益が施与されているからである。

そして、第三の仏号正遍知とは、曇鸞によれば、一切すべての諸法は本来的実相においては不壊の相であって、不増不減なりと悟る智慧である。不壊の相とはいかなる相をいうのであるか。それは心の行処（われわれの分別的知）が止滅しており、われわれの言語による手段では表現できない。一切諸法は、不生不滅なる涅槃の相のごとく不動である。

以上のごとく、一切諸法の実相を知る智慧を正遍知と名づける。正遍知という仏号においても、如来応供と同様、流転輪廻の生死世界に埋没しているわれわれ衆生が、機縁が熟し正遍知なる徳号を聞くことができ、真如一実の功徳宝海に帰入せしめられる時、われわれの生死界の真只中にありながらも、不増不減なる不壊の相こそが、仏智を通して見られる諸法実相であると知られる。

B　善導における正遍知義

善導は定善義に像観を十三段に分けて註釈する。第三段に諸仏正遍知を以下のごとく釈義する。

諸仏正遍知といふは、これ諸仏は円満無障礙智を得て、作意と不作意とつねによくあまねく法界の心を知りたまへり。ただよく想をなせば、すなはちなんぢが心想に従ひて現じたまふこと、生ずるがごとしといふことを明かす。(138)

先にもすでに考察してきたごとく、善導は諸仏正遍知を註釈する場合に、曇鸞が正遍知に重点をおいて形而上学的側面に光をあてて註解したのに対して、諸仏という正遍知を発動する主体の救済論的側面の方に視点が移されていることに気づかしめられるであろう。したがって、より一層宗教経験論的大悲的能動の活動的プロセスが具体化されているといえよう。

そこで、諸仏が先ず円満無障礙智なる智慧を得るという能動的な仏智の大悲的活動を大前提として正遍知が取りあげられる。このことは、先に善導が入一切衆生心想中を解釈する際にも、

仏すなはち無礙智をもつて知り、すなはちよくかの想心のうちに入りて現じたまふ。(139)

という無礙智と同義である。

さらに、善導は円満無障礙智の円満にして無障礙なる仏智の根本的力用の在り方を作意と不作意とつねによくあまねく知るという作意不作意常能遍知をもって具体的にその構造を表現している。

作意不作意という諸仏の志向的行為と共にわれわれ衆生における分別的行為をも含めた一切の肯定的・否定的作意性をすべて超脱する時、ここにいわれる常能遍知という欠けることなく円かに満ちて、すべての障碍を破して遍く行き渡る智慧の大悲的活動が現成するであろう。

そして、そのような諸仏の智慧こそが、われわれ一切衆生の障碍なる想心のうちに入りて自らの能化の身を現じたもうのである。そのような諸仏の大悲的活動が、われわれの宗教的実存の宗教経験として生起してくる相を、

ただよく想をなせば、すなはちなんぢが心想に従ひて現じたまふこと、生ずるがごとし。

といわれる。
次に、善導は、ある一類の行者が主張するごとき、この一段の経文の義を、
聖道門で考えるような、
唯識法身の観と見なしたり、
あるいは自性清浄仏性の観であると捉えたりすることは、
ともに著しく錯誤しており、
また、浄土門で説かれるような、
観無量寿経の第八像観の観想と相似しているところなど、
微塵も無いと、聖道・浄土両門とも厳しく一刀両断している。
善導によれば、そもそも第八像観はそのような観ではないと強調する。もしも第八像観を唯識法身の観や自性清浄仏性の観などの観想と同一の観法行と捉えるならば、第八像観が観無量寿経定善行の一法として説かれた経の意趣に根本からあい反することとなるというのである。唯識法身の観や自性清浄仏性の観の観が実践成就できるような行者の機根ならば、第八像観は不必要であろう。それゆえに、以下のごとく善導は論理を周到に展開させるのである。

すでに像を想へといひて三十二相を仮立せるは、真如法界の身ならば、あに相ありて縁ずべく、身ありて取るべけんや。

先ず、三十二相という概念は、正依浄土三部経で現れるのは二回のみである。大無量寿経では巻下衆生往生果「それ衆生ありてかの国に生るるものは、みなことごとく三十二相を具足す」の文と今の観無量寿経第八像観の文である。無量寿仏の国土に生まれたものは、誰でもみな仏の身にそなわる三十二種類のすぐれた特徴をすべて欠けることなくそなえて、智慧に満ちあふれ、一切諸法の本性を悟って、教法の要妙を究め尽して自由自在なる神通力を得るという。往生者に仏身の三十二相すべてが具足するという往生の利益を説く経文である。

ところで、今、観無量寿経第八像観では、諸仏如来は法界身であり、一切衆生の心想のうちに入りたもう。それゆえに、われわれ行者が心に仏を想うとき、この心は仏にそなわる三十二相・八十随形好なるがゆえに、この心が作仏し、そしてこの心がまさしく仏であるといえる。そこで諸仏の正遍知海はわれわれ一切衆生の心想より生ずと説かれる。この義はすでに考察したところである。

大無量寿経も観無量寿経もそこに説かれている三十二相は、すでに無相の相として現れ出た相である。それらの相を今すでに諸仏如来の像を観想せよとして第八像観において三十二相が仮立されるのであるから、もしそれらが真如法界身ならば、どうして相があって観ずることができるであろうか、また身があって取ることができるであろうか。そのようなことはできるものではなく、またそのような無相とか真如とかを観想せよというのではない。

むしろ第八像観では、唯識法身の観や自性清浄仏性の観などが目指すような観想とはいわば逆方向といわなければならない。相を取ってあらわとなった仏像を観想せよというのであるから、われわれ衆生に現前する仏像の三十二相を観想することによって、仏智の大悲的活動が体感される第一歩となるであろう。

しかも、法身は無色にして眼対を絶している。さらに比較できるような同類のものもないから、虚空をもつて法身の体（ものがら）にたとえられるのである。また、今この観察の法門は、等しくただ方位（西方）を指し、その相を立て、そこにわれわれの想心を住《とど》めさせて、その境を取らせようとする。それゆえに、第八像観は、総じて無相離念を説く法門ではない。

したがって、第八像観が観無量寿経に説かれた背後には釈迦如来の深い大慈悲心のはたらいていることをわれわれは感取しなければならない。善導は深い自己内観を通していう、如来は、はるかに末代の五濁悪世のわれわれ凡夫存在の根機をよく知り尽くされている。そのような凡愚底下の根機にとっては、仏の相好を立て、そこに心をとどめて観ずることさえ容易にできないのに、まして無相離念の立場から観察することなど至難であろう。それはちょうど神通力のない者が空中に家を建てるようなものである。

以上、曇鸞と善導を対比して見るに、ひと言で表現するならば、曇鸞は形而上学的視座からの註解であり、善導は宗教的実存の視点からの解釈であるといえよう。しかしながら、この相違は双方に他の視座が全く無いというのではない。曇鸞と善導のそれぞれの視点の背後には、曇鸞の形而上学的視座は、曇鸞自身の宗教的実存の根柢にまで深く根差しており、また善導の宗教的実存の視点は、善導自身がつねに横超断四流の出世間的な場にまで絶対普遍的に無限広大化している。

註

（1）観無量壽經義疏巻一問念佛三昧何因能得滅如此多罪耶。解云佛有無量功德念佛無量功德故得滅無量罪也。（大正蔵三七、二四二頁下）。

（2）行文類大行釈（註釈版 no. 59 一八三頁）。
（3）念佛三昧寶王論巻一涅槃經云一闡提者，心不攀縁一切善法，乃至不生一念之善。是知，念佛三昧，善之最上，萬行元首，故曰三昧王焉。（大正蔵四七、一三六頁下）。
（4）行文類大行釈（註釈版 no. 61 一八三頁）
（5）安楽集巻下、第四大門、諸経所明念仏（七祖註釈版 no. 30 二五〇頁）。
（6）信文類（末）追釈、真仏弟子釈（註釈版 no. 92 二五八頁）。
（7）同、（註釈版 no. 98 二六二頁）。
（8）化身土文類本、観経隠顕（註釈版 no. 15 三八二―三八三頁）。
（9）同、真門釈、（註釈版 no. 46 四〇一―四〇二頁）。
（10）なお、念仏三昧宝王論は唐の時代天宝元年（七四二年）、紫閣山草堂寺の沙門であった禅宗の飛錫が、京師に遊び、終南に止まって著わした全三巻の論書である。今の引文は、その巻一観空、無我択善而従門第五に即動而静、静為躁君、即凡而聖、聖隠凡内、謹聞遐旨。又三教無我、理既不殊、択善而従、其義焉在という問いを発こし、それに対して以下のごとく答えた文の最後にいう。三教之理也、名未始異、理未始同。且夫子四絶中。一無我者、謙光之義、為無我也。道無我者、長而不宰、為無我也。仏無我者、観五蘊空、為無我也。上二教門都不明五蘊、孰弁其四諦、六度万行、賢聖階級。蔑然無聞、但和光同塵、保雌守静、既慈且倹、不敢為天下先、各一聖也、安用商摧其浅深歟。三教無我明矣。択善而従者、謂三性之理、理無不在、修心之士、択善而従、蓋謂不善無益於至真、無記雙亡於善悪、妨亂仏理、何莫由斯。故聖人簡之而不取也、故涅槃経云、一闡提者、心不攀縁一切善法、乃至不生一念之善。是知、念仏三昧、善

之最上、万行元首、故曰三昧王焉。（大正蔵四七、一三六頁下）。
(11) 安楽集巻下、第四大門、諸経所明念仏（七祖註釈版 no. 30 二四八頁）。
(12) 同右。
(13) 安楽集巻下、第四大門、諸経所明念仏（七祖註釈版 no. 30 二四八―二四九頁）。
(14) 同（七祖註釈版 no. 30 二四九頁）。
(15) 行文類大行釈、出体出願（註釈版 no. 1 一四一頁）。
(16) 安楽集巻上第一大門宗旨不同に、諸仏の出世に三種の益とあるのは、観仏三昧海経巻一「序観地品」第二「云何名為観諸仏境界。諸仏如来出現於世。有二種法以自荘厳。何等為二。一者先説十二部経。令諸衆生読誦通利。如是種種名為法施。二者以妙色身。示閻浮提及十方界。令諸衆生見仏色身具足荘厳。三十二相八十種随形好。無缺減相。心生歓喜。観如是相因何而得。皆由前世百千苦行。修諸波羅蜜及助道法而生此相。」（大正蔵一五、六四七頁中）に依ったのであろうが、観仏三昧経の当該箇所では二種のみが説かれている。第三種の念仏三昧に関する益については、同経の他所において念仏三昧の益が散説されているのを取意したものであろうか。また伊蘭林については、同巻一「六譬品」第一「復次父王。譬如伊蘭倶与栴檀。生末利山。牛頭栴檀生伊蘭叢中。未及長大。在地下時芽茎枝葉。如閻浮提竹筍。衆人不知。言此山中純是伊蘭無有栴檀。而伊蘭臭。臭若膖屍薫四十由旬。其華紅色甚可愛樂。若有食者発狂而死。牛頭栴檀雖生此林未成就故。不能発香。仲秋月満卆従地出成栴檀樹。衆人皆聞牛頭栴檀上妙之香。永無伊蘭臭悪之気。仏告父王。念仏之心亦復如是。以是心故能得三種菩提之根。」（大正蔵一五、六四六頁上―中）に依拠したものであろう。なお、観仏三昧経は十巻十二品から構成される東晋の仏陀跋陀羅漢訳仏説観仏三昧海経であるが、その巻一「六譬品」第一に「仏告父王。如是如是。未来世中。諸善男子善女人等及与一切。若能至心繫念在内。端坐正受観仏色身。当知是人心如仏心与仏無異。雖在煩悩。不為諸悪之所覆蔽。於未来世雨大法雨。」と、釈尊が父王浄飯王に答えている内容が同経の根底に流れている核心的趣意であろう。それが単に釈尊と同時代の父王についてのみならず、「未来世中。諸善男子善女人等及与一切」と未来の一切衆生について説かれているところに重要な経意がひめられているであろう。

(17) 安楽集巻上、第一大門、宗旨不同（七祖註釈版 no. 6 一八九頁。）行文類大行釈（註釈版 no. 20 一六〇頁）。

(18) 教行証文類「信文類」（末）明所被機（註釈版 no. 123 三〇四頁）。

(19) 観経流通分、付属持名（註釈版 no. 32 一一七頁）。

(20) 観経序分、発起序、欣浄縁（註釈版 no. 5 九〇―九一頁）。

(21) *The Three Pure Land Sutras, Volume I, The Amida Sutra and The Contemplation Sutra*, 62. Shin Buddhism Translation Series, General Editor, Gadjin M. Nagao, Hongwanji International Center, Kyoto, Japan, 2003.（*TPLS, I*）

(22) 観経疏玄義分、釈名門（七祖註釈版 no. 9 三〇四頁）。

(23) 安楽集巻下、第八大門、往生意趣（浄真全一、六三七頁）。

(24) 往生論註巻下、解義分、観察体相章、器世間（七祖註釈版 no. 72 一一八頁）。

(25) 安楽集巻上、第三大門、引証勧信（七祖註釈版 no. 26 二四二頁）。

(26) 観経流通分、付属持名（註釈版 no. 32 一一七頁）。

(27) 観経序分、発起序、欣浄縁（註釈版 no. 5 九一頁）。
(28) 観経疏序分義、発起序、欣浄縁（七祖註釈版 no. 9 三七八頁）。
(29) 同右。
(30) 観経疏定善義、真身観（七祖註釈版 no. 12 四三六頁）。
(31) 同（七祖註釈版 no. 12 四三六―四三七頁）。
(32) 同（七祖註釈版 no. 12 四三七頁）。
(33) 同右。
(34) 観経疏定善義、九、真身観、三縁釈（浄真全Ⅰ七四八頁）。
(35) 同右。
(36) 同右。
(37) 同右。
(38) 往生論註巻上、総説分、器世間、妙声功徳（七祖註釈版 no. 13 六四頁）。
(39) 往生論註巻下、解義分、利行満足章、覈求其本（七祖註釈版 no. 126 一五五頁）。
(40) 同、三願的証（七祖註釈版 no. 126 一五六頁）。
(41) 安楽集巻上、第三大門、難易二道（七祖註釈版 no. 24 二三五頁）。
(42) 往生論註巻下、解義分、観察体相章（七祖註釈版 no. 58 一〇八頁）。
(43) 玄義分序題門、要弘二門（七祖註釈版 no. 5 三〇一頁）。
(44) 同右。
(45) 観経疏散善義、後抜（七祖註釈版 no. 38 五〇四頁）。

(46) 選択本願念仏集後述（七祖註釈版 no. 18 一二九一頁）。
(47) 同（七祖註釈版 no. 18 一二八六頁）。
(48) 観念法門五縁功徳分、述意（七祖註釈版 no. 13 六一五頁）。
(49) 以下の〔 〕内は註釈版脚注（六一五頁）に依る。
(50) 藥師琉璃光如來本願功徳経一（大正蔵一四、四〇七頁下—四〇八頁上）。
(51) 尊号真像銘文本（註釈版 no. 10 六五六頁）。観念法門五縁功徳分、摂生縁（七祖註釈版 no. 34 六三〇頁）。
(52) 尊号真像銘文本（註釈版 no. 10 六五六—六五七頁）。
(53) 同（註釈版 no. 10 六五七頁）。
(54) 同右。
(55) 同右。
(56) 同右。
(57) 行文類大行釈（浄真全二宗祖篇上三四頁）。
(58) 同、脚注に拠る。
(59) 研鑽集記上巻、一五七頁。
(60) 山邊・赤沼講義教行の巻、二七九—二八〇頁。
(61) 尊号真像銘文本（註釈版 no. 10 六五八頁）。
(62) 玄義分序題門、要弘二門（七祖註釈版 no. 5 三〇一頁）。
(63) 尊号真像銘文本（註釈版 no. 11 六五八頁）。観念法門五縁功徳分、護念縁（七祖註釈版 no.

16 六一八頁）。
(64) 観経正宗分、定善、真身観（註釈版 no. 17 一〇一頁）。
(65) 同右。
(66) 浄真全一、三経七祖篇、三二〇頁。
(67) 大無量寿経巻上、序分、発起序、出世本懐（註釈版 no. 3 九頁）。
(68) 観無量寿経正宗分、定善、真身観、摂取不捨（註釈版 no. 17 一〇二頁）。
(69) 同右。
(70) 教行証文類総序（註釈版一三二頁）。
(71) 正像末和讃三時讃（註釈版 no. 25 六〇四頁）。
(72) 尊号真像銘文末（註釈版 no. 14 六六四頁）。
(73) 御消息（註釈版 no. 11 七五九頁）。
(74) 尊号真像銘文本（註釈版 no. 11 六五八頁）。
(75) 同（註釈版 no. 11 六五九頁）。
(76) 一念多念文意（註釈版 no. 8 六八二頁）。
(77) 観念法門五縁功徳分、護念縁（七祖註釈版 no. 16 六一八頁）。
(78) 散善義上輩観、上品上生釈、深心（七祖註釈版 no. 7 四五九頁）。
(79) 同、回向発願心釈（七祖註釈版 no. 9 四六四頁）。
(80) 同、回向発願心釈、二河譬（七祖註釈版 no. 11 四六九頁）
(81) 選択集三心章（七祖註釈版 no. 8 一二四八―一二四九頁）。

(82) 一念多念文意（注釈版 no. 8 六八四頁）。

(83) anu-√smṛ, to remember, recollect. anu-smṛti, f. cherished recollection, recalling some idea to the exclusion of all others. √smṛ, to remember, recollect, bear in mind, call to mind, think of, be mindful of. Monier, *SED*, 1271.

(84) 藤田宏達浄土三部経の研究岩波書店、二〇〇七年、四五三頁。

(85) 観無量寿経正宗分、定善、像観、法界身（註釈版 no. 16 一〇〇頁）。

(86) 仏教学辞典多屋頼俊・横超恵日・舟橋一哉編（法蔵館、一九八五年、仏教学辞典と称す。）、岩波等を参考にさせていただいた。

(87) Monier, *SED*, 513.

(88) 梵和大辞典六四一頁。

(89) 華厳経探玄記一八入法界品三四（大正蔵三五、四四〇頁中）。

(90) 同右。

(91) 仏教学辞典二一三―二一四頁、岩波四五五頁。

(92) 往生論註巻上、総説分、観察門、衆生世間、仏、身業功徳、法界身義（七祖註釈版 no. 30 八一―八三頁）。

(93) 同（七祖註釈版 no. 30 八一頁）。

(94) 同（七祖註釈版 no. 30 八一―八二頁）。

(95) 同（七祖註釈版 no. 30 八二頁）。

(96) 観無量寿経序分、発起序、定善示観縁（註釈版 no. 8 九二頁）。

(97) 同(註釈版 no. 8 九三頁)。
(98) 同右。
(99) 同右。
(100) 観無量寿経正宗分、定善、日観(註釈版 no. 9 九三頁)。
(101) 往生論註巻上、総説分、観察門、衆生世間、仏、身業功徳、法界身義(七祖註釈版 no. 30 八二頁)。
(102) 同右。
(103) 同(七祖註釈版 no. 30 八二―八三頁)。
(104) 観無量寿経正宗分、定善、像観、法界身(註釈版 no. 16 一〇〇頁)。
(105) 観経疏定善義像観、法界身義(七祖註釈版 no. 10 四三一頁)。
(106) 同右。
(107) 同(七祖註釈版 no. 10 四三〇頁)。
(108) 同(七祖註釈版 no. 10 四三一頁)。
(109) Monier, *SED*, 1181.
(110) 浄土論解義分、利行満足(七祖註釈版 no. 24 四二頁)。
(111) 往生論註巻下、解義分、利行満足章(七祖註釈版 no. 125 一五四―一五五頁)。
(112) 浄土論解義分、浄入願心(七祖註釈版 no. 17 三八―三九頁)。
(113) 往生論註巻下、解義分、浄入願心章(七祖註釈版 no. 99 一四〇頁)。
(114) 拙著親鸞浄土教と西田哲学(永田文昌堂、一九九七年、第二刷)第一篇第四章絶対無(一三一頁―二〇〇頁）参照。

（115）拙論自性 svabhāva と実体 substance―ナーガールジュナとホワイトヘッド―（プロセス思想第二号、一九八七年、七―二八頁）参照。

（116）往生論註（真聖全Ⅰ、三三七頁）。本文の読み並びに意味内容に少々難解な点がある。本論の訓読は浄土宗全書（第一、二五〇頁）に依ったのであるが、親鸞においては、証巻所引の文では非にあらざれば、あに非のよく是なるにあらざらんや。けだし非なき、これを是といふなり。おのづから是にして、また是にあらざることを待つことなきなり。是にあらず非にあらず、百非の喩へざるところなり。（Ⅱ112）（なお英訳を参考としてあげておく。When negation is negation, is negation of negation affirmation?It is no-negation that is indeed affirmation. It is affirmation in and of itself, without anticipation of a negation of affirmation. It is neither relative affirmation nor relative negation; one hundred negations cannot disclose it.〔Vol. Ⅲ 377〕）と訓読されており、全書の読みと相違している。また、西本願寺蔵親鸞加点本ではほぼ全書と一致している。特に問題の箇所は（a）非を非するもの、豈に非を非するの能く是ならんや。と（b）自ら是にして待すること無きも、また是に非ざるなり。の部分である。証巻では上記のように（a）非にあらざれば、あに非のよく是なるにあらざらんや。（b）おのづから是にして、また是にあらざることを待つことなきなり。とそれぞれになっているが、加点本では（a）非に非ざれば、あに非非のよく是ならむや。（b）みづから是にして待つことなし。また是に非ざるなり。となっている。特に、（b）における相違は顕著であり、証巻では絶対的是として捉えられ、論註当面では、普通非非が是であると考えられているが、無非を是という、しかし自是にして無待なるものも是ではないとの義である。なお、良忠往生論註記巻第五（浄全一334-335）には詳しく註解されている。参照されたい。

(117) 英訳では That the true and real is termed wisdom shows that wisdom is neither active nor non-active.

(118) 浄土論、解義分、善巧摂化（七祖註釈版 no. 18 三九頁）。

(119) 往生論註巻下、解義分、善巧摂化章（七祖註釈版 no. 102 一四三頁）。この箇所の英訳は、The mind that is pliant and gentle: by performing harmoniously the practices of calming the mind and discerning the real, by which they observe the extensive and the brief, they realize the mind of nonduality. It is like water holding a reflection; purity and stillness help each other in bringing it about.

(120) 曇鸞往生論註（真聖全Ⅰ、三三九頁）。Because they know true reality, they know the characteristics of the false state of sentient beings of the three realms. Because they know the false state of sentient beings, they awaken true and real compassion. Because they know the true and real dharma-body, they give rise to true and real taking of refuge in it.

(121) 従来悪業は karmic evil と訳されていた（今の英訳原典にもその訳語が使われている）が、私は親鸞における悪業・罪業という概念は凡夫衆生の有漏なる行為そのものに悪性や罪性を見ようとするものであり、karma こそが悪・罪の行為　主体を表象する概念と捉えられるべきであろう。そのような理由から evil karma と訳しておいた。このように karma を核として表に打ち出すことによって、大願業力といわれるときの法蔵菩薩の karma との救済論的関係が論じられてくるであろう。

(122) 高僧和讃天親讃（註釈版 no. 17–18 五八一頁）。

(123) 大方広仏華厳経巻五菩薩明難品第六（大正蔵九、四二九頁中）。ちなみに偈頌が説かれる文脈を知るために偈頌全体を以下に引用する。爾時、賢首菩薩以偈答曰文殊法常爾、法王唯一法、一切無礙人、一道出生死、一切諸仏身、唯是一法身、一心一智恵、力無畏亦然。随衆生本行、求無上菩提、仏刹及衆會、說法悉不同。一切諸仏刹、平等普嚴浄、衆生業行異、所見各不同。諸仏及仏法、衆生莫能見、仏刹法身衆、説法亦如是。本行広清浄、具足一切願、彼人見真実、明達知見者。随順衆生欲、諸業及果報、各令見真実、仏力自在故。仏刹無異相、如来無憎愛、随彼衆生行、自得如是見。非是一切仏、安住導師咎、無量諸世界、示現見不同。一切諸世界、所受化者、常見人中雄、諸仏法如是。（大正蔵九、四二九頁中—下）。

(124) 往生論註巻下、解義分、利行満足章（七祖註釈版 no. 125 一五五頁）。

(125) 観経疏定善義像観、法界身義（七祖註釈版 no. 10 四三一頁）。

(126) 往生論註巻下、解義分、利行満足章（七祖註釈版 no. 125 一五五頁）。

(127) 行文類正信偈（註釈版 no. 102 二〇六頁）。

(128) 高僧和讃曇鸞讃（註釈版 no. 35 五八四頁）。

(129) 往生要集巻上、正修念仏、作願門（七祖註釈版 no. 39 九〇三—九〇四頁）。

(130) 往生要集巻上、正修念仏、作願門（七祖註釈版 no. 39 九〇四頁）。

(131) 西田哲学における絶対矛盾的自己同一の概念についての考察は、拙著親鸞浄土教と西田哲学の特に第一篇西田哲学の基本的立場、第四章絶対無（一三一—二〇〇頁）を参見されたい。

(132) 往生論註巻上、総説分、観察門、衆生世間、仏、身業功徳（七祖註釈版 no. 30 八二頁）。
(133) 同右。
(134) 浄土論解義分、起観生信（七祖註釈版 no. 9 三二頁）。
(135) 往生論註巻下、解義分、起観生信章（七祖註釈版 no. 49 一〇一頁）。
(136) 同（七祖註釈版 no. 49 一〇二頁）。
(137) 同右。
(138) 観経疏定善義像観（七祖註釈版 no. 10 四三二頁）。
(139) 同（七祖註釈版 no. 10 四三一頁）。

第三章　源信の念仏三昧論

天台首楞厳院沙門源信撰往生要集における念仏三昧にかかわる主要な原文を引用し、それら各々の文に依拠しつつ念仏三昧とはいかなる性格をもった三昧行として源信は捉えていたのであろうか、ここで概観しておきたい。

I　念仏三昧は、ただ心に念ずとやせん、また口に唱ふとやせん

ここにかかげた問いは、往生要集巻中、助念方法《じょねんほうぼう》、修行相貌《そうみょう》に取りあげられた問題である。助念方法とは、往生要集大文第五門である。そもそも往生要集が撰述された意図は、源信自身が巻頭に「それ往生極楽の教行は、濁世末代の目足なり。道俗貴賤、たれか帰せざるものあ

らん[1]」と起筆しているごとく、極楽に往生するための教行は、われわれが末法五濁悪世を生きる真只中で、われわれが進むべき足下を照らす転迷開悟の灯明となり、目と足となる仏道である。出家・在家、身分の高いものも低いものも、すべての衆生のなかで一体誰が往生極楽の教行に帰依しないものがいようか。

ただし、源信によれば、顕教・密教の教法を説く文は多様であり、事（有相）・理（無相）の行による業因は、その行は実に多い。利智精進の行者にとっては難しいとは思わないであろうという。

しかしながら、源信自身は、自らを深く内観して「予がごとき頑魯《がんろ》のもの」と赤裸々に己れの現実存在のすがたを捉え、「（事理の業因を）あにあへてせんや」という。どうして利智精進の人と同じように顕密の教法のうちに説かれる「事理の業因」に基づく行をすすんで実践することができようか。わたくしごとき頑迷で我執の深い愚か者に有相・無相の行などどうして容易に達成することができようか、到底できるものではない。それどころかそのような行を積極的に修行しようなどとも思わないのが、わたくしの偽らざる本心ではないか。

ここに源信が鋭く時と機根を洞察して、「このゆゑに、念仏の一門によりて、いささか経論の要文を集む。（中略）これを座右に置きて、廃忘に備へん[2]」と本心を開陳する。ひとえに「念仏の一門」を開顕することが、往生要集撰述の根本趣意である。このことが往生要集全三巻十門の大前提となっていることをわれわれはつねに見すえておかなければならない。

したがって、源信自身も「これを披《ひら》きこれを修するに、覚りやすく行じやすし[3]」と明確に述べているごとく、怠惰で愚かなるわれわれにとっても修行しようとするとき、悟りやすく行じやすい行法であることが第一条件でなければならない。ここにいわれている「覚りやすく行じやすし」という一文は重要であり、その一文がいわんとしている内容はどんなに強調しても強調し過ぎることはない。そのような行法こそ「念仏の一門」にほかならない。

源信の主張は、五濁悪世に生きる己れ自身を頑魯のものと捉え、それゆえに往生極楽の教行こそが濁世末代の目足であり、教行のなかでも念仏の一門が頑魯のものにとって誠に覚りやすく行じやすい行法である、というのがその眼目であった。

そこで十門とは何か。源信は先ず「総べて十門あり。分ちて三巻となす」と述べ、十門を列挙する。厭離穢土、欣求浄土、極楽証拠、正修念仏、助念方法、別時念仏、念仏利益、念仏証拠、往生諸業、問答料簡、以上の十門である。さらに、十門を列挙した直後に、源信は「これを座右におきて、廃忘《はいもう》に備へん」との一文をそえている。なお青蓮院本では「備へん」の左訓に「備へよ」とある。

源信の気持ちには、「念仏の一門によりて、いささか経論の要文を集」めた往生要集三巻は、自らが自分の手元につねにおいて忘れないように備えておこうと願うと同時に、濁世末代の道俗貴賤のなかで念仏の一門によって往生極楽を願うものは、念仏三昧にかかわる経論の要文を忘れないように座右に備えておきなさいという源信の慈悲心があふれている。

さて、第五門の助念方法とは何かについて、源信はそれを定義して最初に助念方法が成り立つ前提として次のごとき重要なことに言及している。

一目の羅は鳥を得ることあたはず、万術をもつて観念を助けて、往生の大事を成ず。(4)

この文に出る譬喩「一目之羅不能得鳥」は、摩訶止観巻五の「一目之羅不能得鳥」(5)に依拠する譬喩であるといわれる。確かに表現は全く同じであるが、摩訶止観ではこの文につづいて「得鳥者羅之一目耳」とある。摩訶止観における譬喩の使用例は、往生要集助念方法でのそれとは少々意味合いが異なるように思われるかも知れないが決してそうではない。

摩訶止観の用例においては、確かに「一目之羅」を用いて鳥を捕獲することはできないが、また同時に鳥を実際に捕獲するのは「羅之一目」のみであるというのである。「羅」は鳥を捕らえる鳥網のことであるが、網は目がひとつでは網とはいえず網の捕獲する機能をもたない。しかし、たとえ何千何万の目が編まれて網ができていても、鳥を捕らえるのはその中のたったひとつの目である。ここに「一目」がもっている重要な機能がある。一目では網を構成することはできないが、網の機能は一目によって果たされる。これは一見矛盾しているように見えるが、決してそうではない。

一目は網を構成する他のすべての一目との直接的および間接的な結合によって成り立つ。したがって、一目が網のなかで一目としての機能を果たすためには他のすべての一目がなければならない。網の一目が実際に鳥を捕獲するためには他のすべての一目が必要である。

実はここにこそ、源信が往生要集において助念方法にいかに大きな意味を含ませていたかが知られるであろう。助念方法の助念は、決してあってもなくてもよいというごとき、いわゆる補助的な意味などではない。それゆえに、源信は譬喩をうけて「万術をもつて観念を助けて」と述べている。「万術をもって」という表現より見るならば、「一目の羅」では鳥を得ることはできず、無数の目から成り立っている網によってはじめて鳥は得られるものであるという譬喩の趣意を示唆したものであり、源信は「万術」（あらゆるてだて、手段、方法）を尽くして観念を助けることの重要性を主張しようとするものであると理解すべきである。

しかしながら、ここでひとつ大事な点が『摩訶止観』の同じ譬喩の用例から浮かび上がってくるであろう。それは先にも考察したごとく、『摩訶止観』での譬喩が含意していた眼目であった「得鳥者羅之一目耳」という主張がもっている宗教的実践行為にかかわる重要性である。「万術」をもって観念を助けるのではあるが、現実にわれわれが実践する宗教的行為によって「往生の大事を成ずる」ことのできるのは、「得鳥者羅之一目耳」という「羅之一目」によって象徴されている念仏三昧の一行三昧によってのみであるという宗教的事実である。ここにこそ源信が第五門助念方法を主張する根本義が見出されなければならない。

さて、源信は助念方法に関して「いま七事をもつて、略して方法を示さん」として、方処供具《ほうしょぐ》、修行相貌、対治懈怠、止悪修善、懺悔衆罪《さんげしゅざい》、対治魔事、総結要行、という七項目に分けて論じている。今ここで取りあげる問答は、第二事の修行相貌に施設されている五つの問答中第五の問いに「念仏三昧は、ただ心に念ずとやせん、また口に唱ふとやせん」と問われる。

ところで、修行相貌を論ずるまえに、第一事として方処供具（念仏三昧を修行する際の場所

〔閑処・闇室〕・供具〔香華・灯明・念珠〕など）の短い釈文がおかれているが、そのなかに「もし華香を供する時には、すべからく観仏三昧経の供養の文の意によるべし。その得るところの福、無量無辺なり。煩悩おのづから減少し、六度おのづから円満す(6)」という一文がある。われわれにもたらされる福が無量無辺であり、われわれの煩悩が自然に減少し、われわれの念仏三昧行において六波羅蜜という菩薩行が必然的に円満成就するという内容を決して軽視してはならない。

わずか「華香を供する」といういわゆるひとつの儀礼的行為のうちにもかかる甚大なる菩薩道がわれわれの宗教的行為のうちにもたらされるのである。

これは助念方法の重要なひとつの側面である。

「華香を供する」というようなわれわれが簡単にできる行為それ自体が、六波羅蜜の大乗菩薩行と同一の行法であるとはいえない。そうではなく「華香を供する」というほんのわずかな振る舞いでさえも、われわれを仏門へと導き入れ、畢竟じて菩薩行の成就をもたらす必然的な機縁となるというのである。

さて、「念仏三昧は、ただ心に念ずとやせん、また口に唱ふとやせん」という問答の考察に入ろう。源信は、それに応答するのに、隋の智顗説摩訶止観と唐の懐感撰釈浄土群疑論を引用する。

先ず、問いはこうである。念仏三昧という行相は、ただ心に念ずるだけの行とするのであるか、それともまた、口にも唱える行とするのか。すなわち念仏三昧は「唯心念」なのか、それとも「亦口唱」も含まれる行なのかというのである。この二者択一の問いには三つの対概念から成り立っている。唯と亦、心と口、念と唱の三つである。

源信は、はじめに摩訶止観巻二(7)から取意し次のごとき文を引用する。

あるいは〔唱・念〕ともに運び、あるいは先づ念じ後に唱へ、あるいは先づ唱へ後に念じて、唱・念あひ継ぎて休息する時なし。声々・念々ただ阿弥陀にあり(8)。

摩訶止観巻二の巻頭に「四種三昧を勧進して、菩薩の位に入ることを明さんとして、この止観を説くとは、それ妙位に登らんと欲せば、行にあらずんばかなわず。善く解して鑽搖《さんよう》せば醍醐獲べし(9)」と、智顗が四種三昧を何故勧進し止観を説くのか、その意図と理由が述べられている。ひとえに菩薩道の妙位に登らんと欲するならば、何はさておいても四種三昧を行じなければ菩薩道階位には進めない。

四種三昧とは、行法衆多なるも略して、常坐三昧、常行三昧、半行半坐三昧、非行非坐三昧の四三昧をいう。四種三昧のはじめの常坐、常行、半行半坐の三三昧については、それぞれに方法と勧修が明らかにされている。方法とは、身業については「開遮」（開制と開廃。開は行業をゆるすことであり、遮は禁ずること）、口業については「説黙」（説と不説。理体に基づけば黙するほかないが、もし因縁に依れば口に言葉を発して説くべきである）、意業については「止観」（奢摩他と毘婆舎那。止とは分別を超絶し邪念をはなれて心を唯一の対境におき、観とはさらにすすんで正智をおこして諸法を分明に照見すること）という、われわれの行業の三側面について各々詳しく具体的かつ実践的に論じられている。

今、源信が助念方法に取意せる文は、第二の「常行三昧」における「口の説黙」を釈した文である。先ず、摩訶止観原文の智顗の釈論によれば、常行三昧の「口の説黙」について次のごとく論じられている。「口の説黙」というのは、九十日のあいだ、身はつねに行じて休息せず、口にはつねに阿弥陀仏の名を唱えて休息せず、心にはつねに阿弥陀仏を念じて休息することがない。九十日間、行者は身口意の三業すべてにおいてひとときなりとも不眠不休であるという不断念仏の状態にわが身をおかなければならない。

この場合、かかる身口意の三業の不断的な行動状態にあって、口業の唱と意業の念との前後・不断、そしてその意義について、智顗は宗教経験上重要なことを次のごとく明らかにしている。

あるいは唱念ともに運び、あるいは先に念じ後に唱へ、あるいは先に唱へ後に念じ、唱念相繼いで休息する時なし。もし弥陀を唱ふるはすなはちこれ十方の仏を唱ふると功徳等し、ただもっぱら弥陀をもって法門の主となす。要をあげてこれ言はば、歩歩、声声、念念、ただ阿弥陀仏に在り。(10)

唱と念との前後は、口に称名を先にしてそのあとに心に念じてもよいし、先ず心に念じてそれから口に唱えてもよい、どちらでもかまわないという。これは道理にかなっているであろう。どちらかがさきでなければならないということは、何を唱え何を念じるのか、その「何」によって異なるのであろうが、いまの場合「何」とは「阿弥陀仏」である。阿弥陀仏は他の諸仏存在と同様、時間空間的に無量無辺であって、われわれごとき塵埃のミクロ的生老病死の凡夫存在が行為する身口意の三業において、さきだとかあとだかなどというような時空的差異が一体どれほどの意味があるのであろうか。時空領域において無限的に小なる差異は無限的な大に対比するならば、ほぼ無きにひとしいであろう。ただここで大事なことは「唱念相繼いで休息する時なし」という不断なる連続性である。

したがって、われわれが唱念する身口意の三業において、最も核心的なことは身口意の三業が阿弥陀仏といかなる関係をもって行為されているかである。それを的確に表現しているのが「要をあげてこれ言はば、歩歩、声声、念念、ただ阿弥陀仏に在り」である。われわれの身口意の三業が各々「歩歩、声声、念念」すべてただただ「阿弥陀仏に在り」という。一挙手一投足、一声一声、一念一念、刹那生滅しているわれわれ身口意の三業すべてが「阿弥陀仏に在り」という状態となっているような宗教経験が、常行三昧の「口の説黙」といわれるものである。

そしてこの場合、念仏三昧を実践しているわれわれの身口意の三業がすべて「阿弥陀仏に在り」という常行三昧の根本テーゼが成り立つのは、「もし弥陀を唱ふる」ことは「すなはちこれ十方の仏を唱ふる」こととその功徳が等しいからであり、「ただもっぱら弥陀をもって法門の主となす」がゆえである。このことからも知れるごとく、「阿弥陀仏に在り」という究竟的行論のテーゼは決して十方三世の諸仏の存在を排斥したり排除したりするものではない。そこには厳然として一仏即一切仏・一切仏即一仏という華厳的存在論の一即多・多即一なる事事無碍の形而上学的原理が成り立っていなければならない。

次に源信は懐感撰釈浄土群疑論[11]を引用する。その引用文は摩訶止観のそれのおよそ四倍ほどの長さである。そこでは懐感は先ず観無量寿経下々品を取意して「この人、苦に逼められて念仏に遑あらず。善友、教令すらく、阿弥陀仏を称すべしと。かくのごとく心を至して、声をして絶えざらしむ[12]」と捉え、この下々品愚人について説かれる観無量寿経の経文に基づいて、懐感はさらに次のごとく註解している。先ず「豈非苦悩所逼念想難成。令声不絶至心便得[13]」という、不善業なる五逆・十悪を作り、もろもろの不善を具してきた愚人が遂に命終らんとするときに臨み、苦悩に逼められて念想を成就することは難しいけれども、称名の声をして絶えざらしめないよう至心であるならば、どうして往生をえないなどということがあろうか。

今の場合でも、このように声を出して称名を唱えることによって、「念仏定」（念仏三昧のこと）を学することができるのである。それは先に取意した観無量寿経下々品に説かれるごとく、下々品の愚人が臨終時に体得する「令声不絶至心便得」の境位と全く同じ状況に到達する。すなわち称名の「声をして絶えざらしむれば、つひに三昧を得て、仏・聖衆の皎《きょうねん》然として（明らかに）目の前にましますを見る」というのである。称名の「令声不絶至心」によって三昧に達し、その三昧のうちに諸仏・諸菩薩が出現するという宗教経験が行者の身のうえに現に生起し開示されてくることを明証して、懐感は「令声不絶」の称名によって現に念仏三昧が得られることを明らかにするのである。

このことからいえることは、臨終時における下々品の愚人にも、ある意味で念仏定に達しているといわなければならない。かかる愚人の宗教的実存の根元的場において起こっている宗教現象は、いわゆる称名の自力策励という皮相的な次元が課題となるような宗教経験などではない。もし自力策励であるならば「仏・聖衆の皎《きょう》然《ねん》として目の前にましますを見る」というごとき重大な意味を含む宗教現象が起こるような念仏定とは毛頭呼べないであろう。

それゆえに懐感は大方等大集経巻四三、日蔵分「念仏三昧品」第一〇に出る「大念は大仏を見る、小念は小仏を見る」(14)の経文をその経証として引用している。それゆえに懐感は後に「これすなはち聖教なり。なんの惑ひかあらん」という。その文について懐感は註釈して、「大念とは大声に仏を称することであり、小念とは小声に仏を称する義」であるという。すなわち大念とは大きい声をあげて仏の名を称えることであり、小念とは小さい声で仏の名を称えることである。

念が大と小という相対概念のもとに相対化されている経文に基づいて、われわれの身口意の三業の中では身業や意業によって仏名を称賛したり憶念したりすることでは大と小の相違はあまり鮮明とは表出されない。したがって、口業ならば大声・小声によって仏名を声に出して口称することによって自己自身にも他者にも容易に判断できる。

しかしながら、懐感はここでは口業をもって釈してはいるが、懐感の意図は単に表面的な口業の義をもって解釈しようとしたのではない。確かに一応は声の大小による口業をもって大念と小念の区別が捉えられてはいるが、真の目的は念仏三昧が成就し易いか否かにおかれているのであり、身口意の三業の相違にあるのではない。

単に理論上の観念によるのではなく、「現見即今」現在ただ今眼前に見るもろもろの修学者たちは、ただただ大声を励ましあげて仏を念ずることが大切である。そうすると必然的に念仏三昧が成就し易くなるであろう。何故ならば、ただ小さい声で仏の名を称えるならば、ついには馳散《ちさん》（心の乱れ）が多くなるばかりで念仏三昧は成就し難いであろう。これは実際に念仏定（念仏三昧のこと）を学する者の知る実践知であって、そのほかの人には「暁《さと》るにあらず」（実地に体得した者でしかわかるものではない）という。

さらに、このあとに往生要集では以下のような細註がほどこされている。はじめに大集経巻三八に説かれる「多を欲すれば多を見、少を欲すれば少を見る」[15]の文が引用される。この経文は、大集経巻三八、日蔵分「定品」第四では、「三界に身心を受くるは、但だ虚仮なり」という因縁をもって、わが「覚観」にしたがって一切のものを見る。すなはち「多を欲すれば多を見、少を欲すれば少を見る」という我が欲想によって多を欲しようとおもってものを見れば多に見えるであろうし、少を欲するならば我がおもいにしたがって少を見るのである。

多も少も、虚仮三界に身心を受けた我が「覚観」の限定をうけるのであり、所見の多も少もともにただ虚仮でしかない。さらに「諸仏如来はすなはちこれわが心なり」という。何故そのようにいえるのであろうか。それは、自心に作仏し自心に（仏を）見るからである。（それゆえに「諸仏如来はすなはちこれわが心なり」というのである。）（しかしながら）心はすなはちわが身であり、わが身はすなはち虚空である。我が覚観に因るがゆえに無量無辺なる諸仏を見る。我は（我が）覚心をもって見仏し知仏するのである。心は心をもって知るべきではなく、また心は心をもって見るべきではない。

往生要集では、このなかの「多を欲すれば多を見、少を欲すれば少を見る」という一文のみが引用されるのであるが、その引意は先に引用した日蔵分「念仏三昧品」第一〇「大念は大仏を見る、小念は小仏を見る」の義を解釈したり補強したりするような文でもない、ただ大集経には類似の文があるだけだというのであろう。

それよりも往生要集では懐感が「すでに三昧を得た」師であり、師の「釈するところ、仰ぎて信ずべし」を主張せんとするものである。

なお往生要集では、「さらに諸本を勘《かんが》へよ」と述べた後に「小念は小を見、大念は大を見る」の文は日蔵経の「第九に出でたり」[16]とあるが、先にもすでに出拠をあげておいたが、大方等大集経巻四三、日蔵分「念仏三昧品」第一〇に「見仏小念見小大念見大」という表現で一回のみ出るだけである。

Ⅱ　念仏三昧を、もし成就せんには、五つの因縁あり

助念方法として七事あるなかの第四事に止悪修善が説かれるが、[17]源信はその最初に観仏三

味経[18]を引用して、念仏三昧を成就するためには五つの因縁があることを論じている。五つの因縁とは、

（1）戒をたもっておかさないこと「持戒不犯」
（2）よこしまな見解をおこさないこと「不起邪見」
（3）おごり高ぶるこころ、うぬぼれのこころをもたないこと「不生憍慢[19]」
（4）いかり・ねたみ・そねみの心をおこさないこと「不恚《い》不嫉」
（5）頭上に燃えついた火をはらいのけるごとく、心はげまして果敢に努力すること「勇猛精進如救頭燃」

である。

これら五つの事を行じて、まさしく「諸仏の微妙の色身」を正しく念じて、心をして退転・怠惰しないようにせよという。そうすれば念仏三昧は必然的に成就されるというのであろう。しかしながら、これら五つの因縁だけでは不充分であろう。

それらにくわえて、観仏三昧海経では「まさに大乗経典を読誦すべし」と重要な文が付記され、「この功徳をもつて仏力を念ずる」ことが不可欠とされる。読誦大乗経典の功徳をもって仏力を念ずるがゆえに、すみやかに無量の諸仏を見たてまつることができるという。無量の諸仏を見たてまつるとき、はじめて念仏三昧が成就したといえる。

「この念仏三昧を、もし成就せんには、五の因縁あり」とはじめにいわれながらも、大乗経典の読誦が強調され、仏力を憶念・正念することがいかに必須であるか、たとえ助念方法とはいえ、われわれ浄土真宗の流れをくむ念仏者にとっても、止悪修善の一方法として基本的な行法であることを忘れてはならないのではあるまいか。日常生活で可能な範囲の中で、このように実践をしようと主体的に努力することを通して、「無慚無愧のこの身」であることが真に思い知らされるのではなかろうか。

Ⅲ　諸余の空・無相等の観も、これに准じてみな念仏三昧に摂入すべし

助念方法第五事の方法として懺悔衆罪があげられている。懺悔衆罪とは、もし煩悩のために

われわれの心が迷乱されてしまい禁戒をやぶるようなことになったならば、やぶったその日がすぎないうちに即刻懺悔をすべきである（「日を過ぐさずして懺悔を営修《ようしゅう》すべし」[20]）という意味である。これが懺悔の基本的な立場である。それを証明する経文として大般涅槃経巻一九「梵行品」第八之五の「もし罪を覆へば、罪すなはち増長す。発露懺悔すれば、罪すなはち消滅す」[21]の経文が引用される。

この文の前段には次のように説かれている。阿闍世王に対する仏の所説によれば、覆蔵は漏であり、不覆蔵は無有漏である。悔過を発露すれば、これ不漏にほかならない。もしもろもろの罪をなしたとしても不覆不蔵であるならば、不覆であるがゆえに罪は微薄である。もし慚愧を懐くならば罪はすなはち消滅する。水の一滴は微かであるが、必ず遂には大器を満たすがごとく、善心もまたそのように、一つひとつの善心がたとえ小さくても能く大悪を破するものである。

ここには発露慚愧が微かなる水渧（水滴）に譬えられているのであるが、われわれが行なうごとき発露や慚愧は微々たるものであろう。しかしながら釈尊はそれを微少なるものであるからといって軽視や否定などはしない。それは微少ながらもひとつのわずかな善心につながる行為である。何故であろうか。それは発露や慚愧は犯された罪を不覆不蔵することのあらわれであるからにほかならない。実はそこに善心の意義が見出されているといえる。それゆえに、もし罪を覆い隠すならば罪はますます増大するが、口に自ら犯した罪を語りあらわにして慚愧するならば罪は消滅するであろう、と釈尊は阿闍世王に説きたもうたのである。

今も源信が懺悔衆罪の最初にこの大般涅槃経の経文を引用したことは、われわれが日常生活の営みにおいて身口意の三業によって種々犯している罪をいかに覆蔵していることか、それについて「日を過ぐさずして懺悔を営修《ようしゅう》すべし」とわれわれに対して教誡し、発露・慚愧により罪が実質的に「不覆不蔵」となることが願われている。そのような微細なことが懺悔の基本的行法の前提として教示されていることは、現代世界のわれわれにとって、そこに含意されている実践的な意義は深いであろう。このことはある意味でキリスト教の懺悔 repentance にも通じるものがあるであろう。

i　田邊元の懺悔道としての哲学

哲学の領域ではあるが、田邊の『懺悔道としての哲学』に主張されるメタノエティックス

Metanoetics をもあわせて想起せしめられるであろう。ちなみに「懺悔」とは、田邊にとっては、「私の為せる所の過てるを悔い、その悪の償ひ難き罪を身に負ひて悩み、自らの無力不能を慚ぢ、絶望的に自らを抛ち棄てること」[22]であった。さらに、田邊の思惟によれば、懺悔はまさしく「他力の行」であり、かかる懺悔の行信証が、一たび死して復活せしめられた哲学であり、田邊はこのような哲学を「懺悔道」(Metanoetik)としての「他力哲学」と呼んだ。ここにいわれる新しく復活せしめられた哲学とは『懺悔道としての哲学』に「哲学ならぬ哲学」として次のごとくいう。

今や私自身が哲学するのではない、懺悔が哲学するのである。懺悔が私の自覚を懺悔の行そのものに於て課するのである。それが従来の哲学の否定せられた跡に、新しく生れて来た、哲学ならぬ哲学である。哲学ならぬ哲学といふ訳は、哲学が一たび絶望的に抛棄せられそれの死滅した跡へ代に現れて、而も哲学の目的とした窮極の思索、徹底的自覚といふ要求を満たさんとするものだからである。[23]

さらに、田邊は懺悔道としての哲学を、

他力的に踏み直す機会に、教行信証を精読して、始めてそれに対する理解の途を開かれたことを感じ、偉大なる先達として親鸞に対する感謝と仰慕とを新にせられるに至った。本書の第六章、第七章に解釈を試みた三願転入や三心釈などは、救済の構造を究明した宗教哲学的思想として殆ど無比ともいふべきものであると信ずる。私は今や親鸞の指導に信頼して懺悔道を推進せしめられるに至ったことを、他力の恩寵として感謝せずに居られぬ。(24)

と回想している。

しかし、注意すべきは、田邊は自らの哲学である懺悔道としての哲学は決して「親鸞の信仰思想に影響せられ指導せられて発生した」のではなく、「理性批判の絶対批判に至る徹底の帰結が之を必然ならしめた(25)」ことを主張すると同時に、田邊自身の教行信証解釈が既成の哲学をもって親鸞の思想を解釈しようとしたことでもなかった。だがかかる田邊の論述は断じて親鸞思想を軽視したり、ましていわんや毀謗したりするものではない。それどころか、田邊は、

親鸞は私の懺悔道哲学の師である。彼が還相して私を教化することは動かし難き私の信仰である。(26)

とまで親鸞を讃仰している。

重要なことは、「懺悔道としての哲学」は決して「既成の体系として固定せられる哲学」で

はなく、むしろそのような既成の固定化せられた体系を、

二律背反によって解体崩壊せしめ、理性の自律を自己放棄に導く懺悔の道(27)

であった。それゆえ田邊にとっては、親鸞思想を解釈するというよりも、懺悔道への

先決条件として親鸞と共に懺悔の道を行信証せんとするもの

であった。かかる親鸞と田邊との関係は、換言するならば、「影響因果の関係」ではなく「媒介映発の関係(28)」であった。

さらに田邊にとって「絶対他力」とは「能動者なき純粋受動性」である。したがってそれはどこまでも「自己の純粋否定」であり、「絶対転換の媒介性」である。

田邊は絶対他力は、

自他を超ゆる自然法爾に成立する。(29)

という。この田邊の指摘はわれわれが絶対他力を語る場合重要である。

絶対の救済は相対の交互教化を通じてのみ行はれる。

ともいう。

また懺悔道としての哲学における「哲学的自覚」とは、

自力の発動としての自由の自発性を自覚することではなくして、全くその反対に自己の無力不能を悟らしめられ、随順的絶望において自己を放棄し否定すること
であり、
生きる力の自覚でなくして、絶対死への随順の自覚であり、生きる力の自己に於ける欠如の自覚(30)
を意味する。

ii　理の懺悔

さて、往生要集「懺悔衆罪」では、上述につづいて懺悔の種々なる具体的な方法があげられるが、それらとは別に理の懺悔（罪相は本来空であることを体得するための懺悔）が論じられてくる。先ず、理の懺悔とはいかなる懺悔であるかを明らかにせんとして、源信は、インド大乗後期に撰述されたといわれ、唐の般若によって訳出された大乗本生心地観経（心地観経と略す）［八巻十三章からなる。四恩—父母・衆生・国王・三宝の恩—の道理を基本として大乗思想における出家主義の意義が説かれる。文殊菩薩が釈尊に「心地」の理を問うと釈尊は「三界唯

心」と答え、さらに「心」とは何かと問われると「不可得」と応答。[31]」の巻三「報恩品」第二より次のごとき長い経文を引用し、そののちに理の懺悔に関する三つの問答を施設している。

源信はその第一問答の答えにおいて、

もろもろの罪性は空にして所有なしと観ずるは、すなはちこれ真実の念仏三昧なり。[32]

と論じ、理の懺悔にこそ念仏三昧の真実性が成り立つ形而上学的根拠が見すえられているといわなければならない。しからば、理の懺悔とは一体どのような宗教経験をいうのであろうか。先ず心地観経からの全引文をあげ、それに基づいて考察してみよう。

一切のもろもろの罪は、性みな如なり。顚倒の因縁、妄心より起る。かくのごとき罪相は本来空なり。三世のなかに得るところなし。内にあらず外にあらず中間にあらず。性相は如々にしてともに不動なり。真如の妙理は名言を絶つ。ただ聖智のみありてよく通達す。有にあらず無にあらず有無にあらず。有無にあらざるにあらず。名相を離れ、法界に周遍して生滅なく、諸仏は本来同一体なり。ただ願はくは諸仏、加護を垂れて、よく一切の顚倒の心を滅したまへ。願はくはわれ早く真性の源を悟りて、すみやかに如来の無上道を証せん。[33]

この文には引用されてはいないが、その前段に「若能如法懺悔者、當依二種観門修。一者観事滅罪門、二者観理滅罪門」とあり、第二の観理滅罪門のなかで今の引用文が説かれる。それゆえに理の懺悔と呼ばれる。第一の観事滅罪門が説かれる前に、懺悔について巧みな譬喩を用いて懺悔がもっている宗教的働きが讃嘆される。

はじめに懺悔する者の宗教的実存がどのような状況におかれているのかが明らかにされる。生死無始より犯してきた罪は三世にわたって無窮であり、煩悩の大海は深く無底であり、須弥山のごとく業障は峻極である。

われわれの造業は現行と種子の二種より由因生起し、われわれの蔵識にはそれら一切の種が持縁されており、ちょうど影がつねに形に添うごとく、現行と種子とが不離なる身こそ、われわれの現実存在にほかならない。

このような実存状況下では、過去・現在・未来の一切時にわたってわれわれが実践しようとする聖道なる大乗菩薩道は障碍されるであろう。

現行と種子は、近くにあっては人天の妙楽果をさまたげ、遠くにあっては無上菩提の果をさまたげる。

在家にあっては、よく貪欲・瞋恚・愚痴の三毒煩悩の因を招ねき、出家にあっては、出家をして出家たらしめている根元的契機の清浄戒を破壊してしまう。(34)このような現実存在として無底の煩悩を自覚している行者が、もしよく如法の懺悔をするならば、あらゆる所有の煩悩はことごとくみな除かれるであろう、と心地観経は言葉を尽くして説く。それはちょうど劫火が世間を破壊するがごとく、また須弥と巨海とがともに焼尽するがごとく、大海で峻極なる煩悩業障は除かれるという。

さらに心地観経は如法の懺悔によって開示される具体的な事態について表現豊かに次のごとく経説される。

懺悔能焼煩悩薪、懺悔能往生天路、懺悔能得四禅楽、懺悔雨宝摩尼珠、懺悔能延金剛寿、懺悔能入常楽宮、懺悔能出三界獄、懺悔能開菩提華、懺悔見仏大円鏡、懺悔能至於宝所。(35)

以上の十句のなかで核心となっているのは、最後の三句「懺悔能開菩提華、懺悔見仏大円鏡、懺悔能至於宝所」であろう。如法懺悔の行法はわれわれをして菩提の華を開かしめ、仏の大円鏡智を智見せしめ、天路・常楽宮・宝所に往生せしめ入らしめ至らしめるというのである。

ここをもって前段が終わり、次に、

若能如法懺悔者、當依二種觀門修。一者觀事滅罪門、二者觀理滅罪門

の文がおかれる。これより順序にしたがって観事滅罪門が説かれ、次に観理滅罪門が明らかにされる。

観事滅罪門については、上・中・下根の三品に分類され、各々の事の懺悔が具体的に説かれる。そこには長跪合掌して心不乱をもって発露洗心求懺悔することが要請される。

上根の者に対しては、

唯願十方三世仏、以大慈悲哀愍我

で始まり、

一懺不復造諸罪、三世如来當証明

で終わる八文十六句の懺悔告白の言葉が説かれる。

中根の者に対しては、

発露無始生死業、願大悲水洗塵労

で始まり、

自未得度先度佗、尽未来際常無断

で終わる四文八句が説かれる。

下根の者については、ただ

発起無上菩提心、涕涙悲泣身毛豎、於所造罪深慚愧（中略）起於無礙大悲心、不惜身命悔三業、已作之罪皆発露、未作之悪更不造

と述べられるのみで、上根・中根の者のように下根独自に発露されるべき懺悔告白の言葉は要請されていない。ただただ無上菩提心を発起し身の毛だつほどに涕涙悲泣し、これまでに造りと造ってきた罪を深く慚愧するのほか何もない。

さらに、これに付け加えられて次のごとく説かれる。以上のように三品に区別される懺悔があるが、すべて皆「第一清浄戒」と名づけられる。何故ならば、三品ともに、慚愧をもってわれわれの煩悩塵労を水洗し、われわれの身心はともに清浄の器となるからである。

したがって、一切もろもろの善男子よ、なんじ熟知せよ。ここに観事滅罪門にかかわるもろもろの懺悔を浄観する行法を説き終わるが、その事理においては全く差別はない。ただ根縁の差別をもって不同があるのみ。懺悔という行法は、その根元的な本性においては第一清浄戒と名づけられるべき平等法であると心地観経は主張しているのである。

次に、源信が理の懺悔と称して助念方法の懺悔衆罪を明らかにせんと引用した観理滅罪門(36)が説かれる。理の懺悔は、それが普遍的な懺悔であるがゆえに重要である。大乗菩薩道における懺悔すべてを根柢から規定しているともいえるであろう。

具体的な懺悔である事の懺悔が真に成り立つためには理の懺悔に根差していなければならない。事の懺悔は理の懺悔の具体的で実践的な表現でなければならない。その意味からも実は理の懺悔は事の懺悔へと具現化されなければ、理の懺悔がわれわれの宗教的実存のうちに開顕されたとはいえない。理の懺悔はわれわれをして事の懺悔へと必然的に行動せしめる根元的契機である。

観理滅罪門について、心地観経巻三「報恩品」第二に次のごとく説かれている。観正理を修習せんと志すならば、先ず身心をととのえなければならない。一切もろもろの散乱から自らを遠ざけ離れなければならない。そして新しい清浄なる衣を着用し結跏趺坐する。摂心（一境に心を摂しとどめる）正念にしてもろもろの縁からはなれる。諸仏の妙法身は、その体性は空不可得のごとくであるとつねに観ず。

ここまでが源信が引用した文の始まる直前の部分である。源信が引用しなかったのは、おそらく観正理の修習を果たすために行者がはじめにこころがけなければならない理の懺悔へとわれわれを導入せしめる準備の段階だからであろう。

源信が引用した部分からは、理の懺悔とは、一体何をいかに懺悔すればよいのか、理の懺悔と呼ばれ得る懺悔の根元的な形而上学的原理は、どのような世界境位を指示し、それが事の懺悔を通してわれわれの宗教的実存のうちに何を開かしめるのであろうか。

先ず、

一切諸罪性皆如、顚倒因縁妄心起、如是罪相本来空、三世之中無所得。(37)

という。

理の懺悔では、最初に大前提がおかれる。一切の罪という罪はすべていかなる罪であろうと、深浅・長短にかかわらず、それらの本質的で根元的な性においてはみな真如法性一如であって、さまざまな異なった罪が現に存在しているのは、すべてわれわれの顚倒せる因縁妄心より生起するものである。

したがって、われわれの顚倒妄心から生起している現実の罪相は本来空であり、過去・現在・未来三世にわたって無所得なる無自性である。

これが理の懺悔を本質規定している罪相は本来無所得空であり、われわれの顚倒した妄心より因縁生起したものにほかならないという大前提の根本テーゼである。

このテーゼのうちに理の懺悔といわれる理法たる所以がある。

iii　真如妙理絶名言

さらに、この根本テーゼから具体的な側面が種々説かれ表現される。これはのちにいわれている真如妙理絶名言の絶名言と矛盾しているようであるが、そうではない。むしろ逆である。絶名言なる理法をわれわれに知らせんがために名言が尽くされるのである。われわれは名言によってのみ理法へと接近できる第一歩（これが方便 upāya の原義にほかならない）を踏み出すことができるからである。

そのような名言が実は釈尊の説法であり経法であった。それが厖大なる浩瀚へと展開した部派・大乗経典群である。したがって、釈尊によって現に開覚されたダンマ（ここにいわれる真如妙理にほかならない）が、まさしく釈尊自身から人類史上はじめて発せられた名言によって伝承され、われわれがその名言を聞き知ることのできる機縁にはじめて値遇した。ダンマが真実なる説法であり経法であるかぎり、部派・大乗経典群はいかなる経典であれ、すべて究竟的には絶名言なる真如妙理をまさしく名言によって説かれ、おのずから自然法爾として絶名言のダンマが開かれてくるといわなければならない。

それゆえにそのような説法・経法はわれわれをして名言によって絶名言なる真如妙理の境位に導き入れる善巧方便であるといわなければならない。われわれは名言に依らなければ真如妙理の世界を知ることはできないのであるが、もしわれわれが名言に囚《とら》われ固執しているならば、真如妙理の世界は決して開かれないであろうし、またダンマには徹到しえないであろう。

具体的な側面として、先ず非内非外非中間という内・外・中の領域がすべて非によって否定されているのであるが、今の場合非は中観哲学の中論などで解釈される非の意味であって、内・外・中の否定非は単に内・外・中の存在それ自体を否定しているのではない。それは内・外・中をそれぞれ各々他とは無関係で独立的な実体として、すなわち説一切有部の主張するごとき実有が中論などで厳しく否定されるところの自性 svabhāva として在るという自性的存在者の内・外・中を否定せんとするものである。

しかし、そのような自性否定（無自性 niḥsvabhāva）は実は内・外・中の領域が相依相資として縁起的に存在する内・外・中の存在性の実相を肯定することを意図するものである。そのような意味で非内非外非中間の非は、内・外・中の自性否定を指すのであり、かかる自性否定を通して内・外・中の相依相資として縁起的に存在することを成り立たせる無自性空の無を指す非にほかならない。

性相は如如であって罪性も罪相もともに不動である。ここにいわれる不動とは決して静止的な意味ではない。つねに能動的に展開せしめるダイナミックな可能性を含んでいる概念である。同じ心地観経の他所には以下のような文脈のなかで不動の概念はあらわれる。

一　無辺法界常寂然、如如不動等虚空、如来清浄妙法身、自然具足恒沙徳。(38)

二　楽住空閑心不動、善達甚深真妙理、或処人間聚落中、如蜂採華無所損。(39)

三　恒河沙等無数菩薩、永離相用微細煩悩、証不動地。(40)

四　爾時薄伽梵、能善安住清浄法界、三世平等無始無終、不動凝然常無断尽、大智光明普照世界、善巧方便変現神通、化十方土靡不周遍。(41)（傍点筆者）

真如妙理絶名言については、すでに考察したが、絶名言とは決して単に名言を否定するものではない。経法なる名言を通して絶名言なる境位である真如妙理にわれわれをして徹到せしめる方便として肯定されるべき概念である。

かかる方便位としての名言である説法を肯定するのが、次にいわれる「唯有聖智能通達」の一句である。絶名言なる真如妙理によく通達できるのは、ただ聖智のみである。聖智とは般若智・無分別智であり、仏智にほかならない。聖智とは真如妙理に通達する智慧であると同時に一切の衆生をして真如妙理に通達せしめる方便でもある。

曇鸞が、往生論註巻下、解義分、名義摂対章において、浄土論の

向説智恵慈悲方便三種門、摂取般若、般若摂取方便、応知。

の文を次のごとく註解している。

般若といふは、如に達する慧の名なり。方便といふは、権に通ずる智の称なり。如に達すればすなはち心行寂滅なり。権に通ずればすなはちつぶさに衆機を省みる。機を省みる智、つぶさに応じてしかも無知なり。寂滅の慧、また無知にしてつぶさに省みる。しかればすなはち智慧と方便とあひ縁じて動じ、あひ縁じて静なり。動の静を失せざることは智慧の功なり。静の動を廃せざることは方便の力なり。このゆゑに智慧と慈悲と方便とは般若を摂取し、般若は方便を摂取す(42)。

ここに明らかにされている、

智慧と方便とあひ縁じて動じ、あひ縁じて静なり。動の静を失せざることは智慧の功なり。静の動を廃せざることは方便の力なり。

という動と静の〈あいだ〉に見出されている相縁と不失不廃の大悲的能動こそ、智慧と方便とがつねに有機的に縁起相依する第一義的原理のダルマ的なる生命であるといわなければならない。

iv　有と無のカテゴリーによる論証

さて、心地観経ではつづいて、有と無のカテゴリーを用いて罪相は本来空なり。三世のなかに得るところなしという先述の根本テーゼが論証される。非有非無非有無、非不有無離名相がそれである。これは非内非外非中間と趣意は同じであろうが、有と無の範疇による論義の場合には、罪相の空性を存在論的に論証せんとするものであるといえよう。

罪相の自性（説一切有部によって主張された法有）を否定するものであって、罪の現実存在性を否定しているのではない。われわれは現実世界のうちで宗教的実存の根元的な場において罪悪深重煩悩熾盛なる存在であり、刹那生滅のうちで身口意の三業すべてにわたって、意識的にも無意識的にも、罪をつねに犯し続ける存在（罪業者）である。

このような意味から罪相を法有なる自性として捉えるならば、それは非有非無非有無といわなければならない。それゆえに名相を離れているという。

一切諸罪性皆如にいわれる如とは真如妙理にほかならず、そのことが今この段では周偏法界無生滅、諸仏本来同一体であるといわれる。法界に周偏して生滅のない世界であり、かかる法界コスモロジーを場所として諸仏本来同一体という平等一味の世界がわれわれ罪業者に現前してくる。

ここにいう本来同一体は、直接的には諸仏のあいだでの一如であるが、究竟的には一切諸仏と一切衆生とのあいだにおける平等一味を指していると捉えるべきであろう。このような本来なる同一体の場が諸仏と衆生とのあいだに根元的に開かれているからこそ、次にいわれる二つの願いがわれわれの心底に自然法爾として願われてくる。

第一の願いは、惟願諸仏垂加護、能滅一切顛倒心であり、第二の願いには、願我早悟真性源、速証如来無上道である。形式的には二願ではあるが、内容的には一連の自利利他の大乗菩薩道を成就せんと願う堅固なる願いである。

はじめに己れ自身に対して（ひいては現世来世の一切衆生の各々にわたって）諸仏が加護を表示して、よく一切（自己が分別するすべての一切であると同時に一切衆生の一切でもある）の顛倒の心を滅したまえと願う。顛倒の心が滅せられるならば、ただちにわれすみやかに真性の源を悟って、即座に如来の無上道を証せんと願う。

往生要集巻中、助念方法の懺悔衆罪に引用された文はここまでであるが、心地観経では、さらに次の一文が記されている。

若有清信善男子、日夜能観妙理空、一切罪障自消除、是名最上持浄戒。

という文である。もし清信なる善男子が、日夜を通して真如妙理の空性を能観するならば、一切の罪障はおのずから消除するであろう。

これを最上の持浄戒と名づけるというのである。

六波羅蜜の持戒という菩薩行の最高位に位置する行が、日夜を通して真如妙理の空性を能観する行であるといわれる所以は、それによって一切の罪障がおのずから消除するからだというのである。

V　観念と懺悔

懺悔衆罪が、助念方法において、いかなる教義的位置をしめているかが、以上の考察によって明らかになったであろう。かかる思想背景に基づいて五つの問答が施設されている。

第一問答において、先ず、

ただに仏を観念するに、すでによく罪を滅す。なんがゆゑぞ、さらに理の懺悔を修するや。

と問う。ただ仏を観念することのみで、すでによく罪を滅すと説かれているのに、その上さらに最も困難なる懺悔である理の懺悔が、何故要請され必要にして不可欠なる行であるのか。仏を観念することによって充分滅罪は成就されているのではないか、われわれには達成することが至難である理の懺悔という難行の懺悔など、ことさら行ずることは不要ではないのか、と源信は問うのである。至極当然なる疑問であろう。

そこには、滅罪に関する観念と懺悔との根元的な関係が問われているといわなければならない。

この問いに対して以下のごとく源信は答える。誰れが一体理の懺悔を一々に修せよというであろうか。理の懺悔という行は強いられて修せられるような次元の懺悔ではない。ただ各人各様の意楽(43)に随うだけである。ましてもろもろの罪性は空にして所有なしと観ずる行こそが、すなわちこれ真実の念仏三昧の行といわれるものであって、真実の念仏三昧が行じられる所観自体に理の懺悔は成就されているといえる。源信はここに念仏三昧の真実性が成り立っていることを明らかにしている。それは懺悔を真に懺悔たらしめている究竟的根元に位置づけられる懺悔である。

さらに、源信はそのことを証明するために華厳経と仏蔵経から次のごとき簡潔なる経文をそれぞれ一文引用している。先ず、「華厳の偈にのたまふがごとし」として、華厳経から引用されている文は、「現在は和合にあらず。去・来もまたしかなり。一切の法の無相なる、これすなはち仏の真体なり」という内容の文である。原典では大方広仏華厳経巻一六、須弥頂上偈讃品第一四に、

於法不顚倒、如実而現証、離諸和合相、是名無上覚。現在非和合、去来亦復然、一切法無相、是則仏真体。若能如是観、諸法甚深義、則見一切仏、法身真実相。(44)(傍点筆者)

とあり、引用箇所はその傍点部分である。これは唐の実叉難陀《じつしゃなんだ》が西暦六九五―六九九年に漢訳したとされる新訳華厳経で、いわゆる八十華厳と呼ばれる華厳経である。

ちなみに旧訳華厳経（六十華厳と呼ばれる）である東晋の仏陀跋陀羅《ぶつだばだら》が西暦四一八—四二〇年に漢訳したとされる大方広仏華厳経巻八、菩薩雲集妙勝殿上説偈品第一〇では、

実以無実法、正覚等真偽、以無和合相、是名為菩提。現仏非縁合、去来亦復然、一切法無相、是則仏真性。若能如是観、諸法甚深義、則見無量仏、法身真実相(45)。

とある。今の引用箇所のみを対比してみると、現仏→現在、縁合→和合、真性→真体と、旧訳から新訳へのあいだに相違が見られる。これらは訳者の意楽の範囲を大きく越えるものではないであろう。

しかし、文脈から見れば、後に是則仏真体とあるのだから新訳では現在とあっても旧訳の現仏の義と捉えるべきであろう。ただ単に仏の体のみに限定せず現在における一切法と理解することも可能であり、その場合には仏の存在をも含めた一切法の意味である。

仏存在に限定しようとも、一切法に最大限拡大されようとも、第一義的には現在の非和合性に基づいて過去も未来もすべて非和合であるゆえに、一切法は無相であり、かかる無相こそが仏の真体であるとのダルマが、華厳経の経説である。

実は、この直前に華厳経では「於法不顛倒、如実而現証、離諸和合相、是名無上覚」と説か

れていた。無上覚と名づけられることはどのような境位を意味しているのであろうか。それは今の経文によれば、法の不顚倒なる事実を如実に現証し、もろもろの和合相を離れることであり、それが無上覚と名づけられる。無上覚が先の仏の真体にほかならない。一切の和合相を離脱し、一切法の無相なる境位が、仏をして仏たらしめている真実なる根元的契機である。

ここに説かれる無相は決して有相の対概念ではない。そこでは一切の相が否定されている。絶対否定を表象するごとき概念である。肯定的概念としての相はかならず相対的な境位にとどまる。無相はつねに相を否定しつづけるダイナミックなポテンシャル・リアリティーとでも呼ばれ得るごとき実相である。仏教者にとって、それをあえて肯定的に表象するならば、法性・真如・一如と呼ばれる。今、華厳経では仏の真体と名づけられ、直後にいわれている法身真実相と同義である。

以上が華厳経の引文であるが、内容は理の懺悔を根柢づける理を一切法の無相として捉え、同時にそれが仏の真体であることを経証せんとする意趣である。無相と仏の真体をもって念仏三昧の真実性を説示するものであり、それはまた同時に念仏三昧を行ずる行者の心底のうちに、理の懺悔が必然的自然法爾的に開かれてくることを意味する。理の懺悔が行ぜられるとき、必然的に行者には仏の真体と名づけられる一切法の無相なる根元的真理が体得されていなければならない。そこに念仏三昧の出世間的第一義諦としての真実性が成り立つ。

vi　仏蔵経における念仏

次に、源信は仏蔵経巻一、念仏品第二から取意して次のごとく引用する。「所有なしと見る」を名づけて念仏となし、「諸法の実相を見る」を名づけて念仏となす。「分別あることなく、取なく捨なき、これ真の念仏なり」[46]と。姚秦の亀茲三蔵クマーラジーヴァ（鳩摩羅什　三四四―四一三）によって四〇五年に漢訳されたとされる仏蔵経の原典では以下のごとく説かれている。

舎利弗。云何名為念仏。見無所有名為念仏。舎利弗。諸仏無量不可思議不可称量。以是義故。見無所有名為念仏。実名無分別。諸仏無分別。以是故言。念無分別即是念仏。復次見諸法実相名為見仏。何等名為諸法実相。いわゆる諸法畢竟空無所有。以是畢竟空無所有法念仏。復次如是法中。乃至小念尚不可得。是名念仏。舎利弗。是念仏法断語言道過出諸念。不可得念是名念仏。舎利弗。一切諸念皆寂滅相。随順是法。此則名為修習念仏。不可以色念仏。何以故。念色取相貪味為識。無形無色無縁無性。是名念仏。是故當知。無有分別無

取無捨。是真念仏。(47)

少々長く引用したわけは、ここには重要なことが説かれており、経文を注意深く思惟したいからである。これは念仏品であるが、第一は諸法実相品であり、それにつづく第二章としておかれている。仏を念ずることは一体いかなる意味なのか、諸法実相をうけて釈尊が舎利弗を対告衆として詳細に説かれる。阿弥陀経のごとく、否それ以上に何度も舎利弗よと呼びかけながら懇切丁寧に説法される。

先ず、無所有を見ることを名づけて念仏となす。無所有とは無所得のことで、一切法の無相・無我の理を体して心底のうちに執著分別のないことであり、中論に註解される無自性空の義である。

そのような普遍的な理を見ることが念仏となすというのであるから、念仏する行者の心底のうちには一切法の無相・無我の理法が開かれていなければならない。それは逆に行者の心底が執著分別に繋縛され閉鎖されている現実相を徹頭徹尾照破する理法でなければならない。

そこにはじめて念仏を実践する行者の宗教的実存のうちに見無所有という見が真に現成される。かかる現成こそ念仏行が真に成就しているといわれる証しである。そこに実は諸仏の世界が無量で不可思議不可称量という無限なる諸仏存在の世界のうちに行者は包摂される。見無所有の見のうちこのような無限なる諸仏存在の不可思議が現成するがゆえに念仏といわれる。それは同時にわれわれ行者の執著分別を照破し超脱する。

念仏は真実には無分別の行であり、諸仏は無分別の存在なるがゆえに、無分別を念ずる行こそがまさしく念仏の真実行にほかならない。

さらに、諸法実相を見ることを名づけて見仏となすと仏蔵経に説かれる。しからば、諸法実相とは何か。それを定義して諸法畢竟空無所有という。それゆえに畢竟空無所有の法を見ることが見仏であり、それが念仏にほかならない。かかる法の中において、わずか小念にいたるまでも不可得空であることを念仏と名づける。

念仏の法へのアプローチは、いかなる言語表現の道をも断じられており、今まさしく否定言語によってかく表現しているのであるが、否定的表現によってのみ言語化が辛うじて可能といえるであろう。しかし厳密には、否定的表現すらも否定されなければならない。究竟的には否定的にも肯定的にも言語化は不可能である。言語化は相対化であり差別化である。

念仏はあらゆる相対差別からの離脱にほかならない。われわれが起こすもろもろの念も畢竟じてすべて相対差別化にすぎない。念仏はそのような念をもすべて超過している。不可得の念こそが、真実なる念仏であると説かれる。

それゆえに釈尊は舎利弗よと呼びかけながら、一切もろもろの念は宗教的真諦においてはすべて寂滅相であると方便として説かれる法に随順するとき、そのような随順を名づけて念仏を修習すると説法される。

真の念仏は一切諸念皆寂滅相を念ずる行であって、色相をもって念仏することは不可である。何故ならば、色を念ずればそこに取相の念が起こり貪味せんとする分別識が必然的に随伴生起する。そのような念仏は真の念仏とはいえない。無形無色無縁無性を念仏と名づける。このゆえにわれわれはまさしく知るべきである、「無有分別無取無捨。是真念仏」であるということを。以上がここに長々と引用した仏蔵経引文全体の趣意である。

源信は、以上のごとく華厳経と仏蔵経を引用しおわって、「諸余の空・無相等の観も、これに准じてみな念仏三昧に摂入すべし(48)」と御自釈する。こうした源信の念仏三昧論は、ここではたとえ助念方法の懺悔衆罪のなかで論じられる念仏三昧であろうとも、内実が第一義空・第一義諦妙境界である最も普遍的真理なることを主張せんとする。しかしながら、もしそれは聖道門的であるとか自力的であるとかと批判して、純粋他力の絶対性を主唱せんがゆえをもって、われわれ煩悩具足の凡夫人にとっては実践不可能なことであると見なされるならば、そのような他力の絶対性はなんら絶対的とはいいえないのではなかろうか。およそ大小・凡聖・一切善悪と親鸞がしばしば通称する、あらゆる機根の一切衆生が行じるところの念仏三昧すべてに通じる真理でなければならない。このことがいわれなければ、源信が強調する真実の念仏三昧とはいいえない。

註

(1) 往生要集巻上、序(七祖註釈版 no. 1 七九七頁)。
(2) 同右。
(3) 同右。
(4) 往生要集巻中、助念方法(七祖註釈版 no. 47 九六六頁)。
(5) 摩訶止観巻五「如来所治畢竟不発世出世法互相成顕。若離三諦無安心処。若離止観無安心法。若心安於諦一句即足。如其不安巧用方便令心得安。一目之羅不能得鳥。得鳥者羅之一目耳。衆生心行各各不同。或多人同一心行。或一人多種心行。如為一人衆多亦然。如為多人一人亦然。須広施法網之目。捕心行之鳥耳」(大正蔵四六、五九頁上—中)。

(6) 往生要集巻中、助念方法、方処供具(七祖註釈版 no. 48 九六六—九六七頁)。
(7) 摩訶止観巻二「口説默者。九十日身常行無休息。九十日口常唱阿弥陀仏名無休息。九十日心常念阿弥陀仏無休息或唱念倶運。或先念後唱。或先唱後念。唱念相継無休息時。若唱弥陀即是唱十方仏功徳等。但専以弥陀為法門主。」(大正蔵四六、一二頁中)。
(8) 往生要集巻中、助念方法、修行相貌(七祖註釈版 no. 49 九七二—九七三頁)。
(9) 摩訶止観巻二「二勸進四種三昧入菩薩位。說是止觀者。夫欲登妙位非行不階。善解鑽搖醍醐可獲。」(大正蔵四六、一一頁上)。
(10) 摩訶止観巻二「口說默者。九十日身常行無休息。九十日口常唱阿弥陀仏名無休息。九十日心常念阿弥陀仏無休息或唱念倶運。或先念後唱。或先唱後念。唱念相継無休息時。若唱弥陀即是唱十方仏功徳等。但専以弥陀為法門主。挙要言之。歩歩声声念念唯在阿弥陀仏」(『大正蔵』四六、一二頁中)。
(11) 釈浄土群疑論巻七「故観経言。是人苦逼。不遑念仏。善友教令。可称阿弥陀仏。如是至心。令声不絕。豈非苦悩所逼念想難成。令声不絕至心便得。今此出声学念仏定。亦復如是。令声不絕。遂得三昧。見仏聖衆。皎然常在目前。故大集日藏分経言。大念見大仏。小念見小仏。大念者大声称仏也。小念者小声称仏也。斯即聖教。有何惑哉。現見即今諸修学者。唯須励声念仏。三昧易成。小声称仏。遂多馳散。此乃学者所知。非外人之曉矣。」(大正蔵四七、七六頁中—下)。
(12) 往生要集巻中、助念方法、修行相貌(七祖註釈版 no. 49 九七三頁)。
(13) 釋淨土群疑論巻七「豈非苦惱所逼念想難成。令声不絕至心便得。」(大正蔵四七、七六頁中)。

(14) 大方等大集経巻四三日蔵分「念仏三昧品」第一〇「或一日夜或七日夜。不作余業至心念仏。乃至見仏小念見小大念見大。乃至無量念者見仏色身無量無辺。」(大正蔵一三、二八五頁下)。

(15) 同、巻三八日蔵分「定品」第四「三界受身心但虚仮。以是因縁我随覚観。欲多見多欲少見少。諸仏如来即是我心。何以故。自心作仏自心見故。心即我身身即虚空。我因覚観故見無量無辺諸仏。我以覚心見仏知仏。非心心知非心心見。見心相者則不可断。我観法界性無牢実。随念生故。是故一切所有性相。及心覚観即是虚空。虚空之性亦復非有。若能如是見彼空者。已於過去発菩提心。彼人修習三昧因縁。即得諸仏現其前住。是人若発求声聞心。即得一切無相三昧。既修習已。」(大正蔵一三、二五六頁中)。また同本異訳である大方等大集経巻三二日密分「分別品」第四には「我三界心是心因身。我随覚観欲多見多欲少見少。諸仏如来即是我心。何以故。随心見故心即我身我即虚空。我因覚観見無量仏。我以覚心見仏知仏。心不見心心不知心。」(大正蔵一三、二二三頁下)とある。真聖全Ⅰでは「但」の一字が「云」の前にあるが、七祖註釈版では後にある。京都青蓮院蔵承安元年写本が「云但」となっている。真聖全Ⅰが底本とする本派本願寺蔵版をはじめ龍谷大学蔵建長五年刊本、同蔵承元元年刊本〔室町時代復刻本〕、大派依用十行本はすべて「但云」に作る。筆者は往生要集の細註を設けた意図から判断するならば、「但」は「云」にかかるとした方が穏当であろう。それゆえに『真聖全』Ⅰに賛同したい。また大集経の当該二箇所ともに「但」の字は無い。

(16) 往生要集巻中、助念方法、修行相貌(七祖註釈版 no. 49 九七二—九七四頁)。

(17) 同、止悪修善(七祖註釈版 no. 51 一〇〇四—一〇〇五頁)。

(18) 観仏三昧海経巻一〇「念十方仏品」第一一「仏告阿難。此念仏三昧若成就者。有五因縁。何等為五。一者持戒不犯。二者不起邪見。三者不生憍慢。四者不恚不嫉。五者勇猛精進如救頭然。行此五事。正念諸仏微妙色身令心不退。亦当読誦大乗経典。以此功徳念仏力故。疾疾得見無量諸仏。」（大正蔵一五、六九四頁下）。

(19)「憍」は mada で自己の地位・名誉・家柄・血統・博識・才能・容姿などに対しておごる。六つの根本煩悩―貪・瞋・癡・慢・疑・悪見―から流れ出る枝末煩悩、あるいはそれに付随してはたらく随煩悩 upakleCa である。唯識説では二〇種類、倶舎論では十九種類をあげる。ちなみに無慚・無愧・懈怠・散乱・放逸・失念・睡眠・悔なども upakleśa とされる。他方、慢 māna はそれよりも根本的な煩悩とされ、他と比較してたかぶること。ふつう七つの慢―慢・過慢・慢過慢・我慢・増上慢・卑慢・邪慢―があげられる。

(20) 往生要集巻中、助念方法、懺悔衆罪（七祖註釈版 no. 52 一〇一九頁）。

(21) 大般涅槃経巻一九「梵行品」第八之五「如仏所説覆蔵者漏。不覆蔵者則無有漏。発露悔過是故不漏。若作衆罪不覆不蔵。以不覆故罪則微薄。若懐慚愧罪則消滅。大王。如水渧雖微漸盈大器。善心亦爾。一一善心能破大悪。若覆罪者罪則増長。発露慚愧罪則消滅。」（大正蔵一二、四七七頁下）。

(22) 田邊元著懺悔道としての哲学（田邊元全集第九巻、筑摩書房、一九七三年、四頁）。

(23) 同右。

(24) 同、六―七頁。

(25) 同、三九頁。

(26) 同、四〇頁。

(27) 同右。

(28) 同、四一頁。

(29) 同、四〇頁。

(30) 同、四一頁。

(31) 大乗本生心地観経巻六「離世間品」第六「「汝等諦聴。若有不著一切法相、当安住阿蘭若処、是名当坐無著道場、一切諸法皆不可得。」」(大正蔵三、三一九頁中)。大乗本生心地観経巻八「観心品」第十「爾時、大聖文殊師利菩薩白仏言「世尊、如仏所説、唯将心法為三界主。心法本無、不染塵穢、云何心法染貪瞋痴於三世法誰説為心。過去心已滅、未来心未至、現在心不住。諸法之内性不可得、諸法之外相不可得、諸法中間都不可得。心法本来無有形相、心法本来無有住処。一切如来尚不見心、何況余人得見心法。一切諸法従妄想生、以是因縁、今者世尊、為大衆説三界唯心。願仏哀愍、如実解説。」」(大正蔵三、三二七頁中)。

(32) 往生要集巻中、助念方法、懺悔衆罪(七祖註釈版 no. 52 一〇二一頁)。

(33) 大乗本生心地観経巻三「報恩品」第二「一切諸罪性皆如、顚倒因縁妄心起、如是罪相本来空、三世之中無所得。非内非外非中間、性相如如倶不動、真如妙理絶名言、唯有聖智能通達。非有非無非有無、非不有無離名相、周偏法界無生滅、諸仏本来同一体。惟願諸仏垂加護、能滅一切顚倒心、願我早悟真性源、速証如来無上道。」(大正蔵三、三〇四頁上)。

(34) 同「生死無始罪無窮、煩悩大海深無底、業障峻極如須弥、造業由因二種起。所謂現行及種子、蔵識持縁一切種、如影隨形不離身、一切時中障聖道。近障人天妙樂果、遠障無上菩提果、在家能招煩悩因、出家亦破清浄戒」(大正蔵三、三〇三頁中―下)。

(35) 同右。

(36) 同「若欲修習観正理、遠離一切諸散乱、著新浄衣跏趺坐、摂心正念離諸縁、常観諸仏妙法身、体性如空不可得。一切諸罪性皆如、顚倒因縁妄心起、如是罪相本来空、三世之中無所得。非内非外非中間、性相如如倶不動、真如妙理絶名言、唯有聖智能通達。非有非無非有無、非不有無離名相、周偏法界無生滅、諸仏本来同一体。惟願諸仏垂加護、能滅一切顚倒心、願我早悟真性源、速証如来無上道。若有清信善男子、日夜能観妙理空、一切罪障自消除、是名最上持浄戒。」(大正蔵三、三〇四頁上)。

(37) なお、書き下し文はすでに一六一頁にあげておいたので、ここでは白文をあげる。つねづね思うことであるが、漢文〔古典中国語〕はやはりできるかぎり白文で読解すべき言語であり文章表現である。漢文は、元来、書き下し文のごとく訓点を付して上下往復しながら訓読すべきではないのではなかろうか。訓読は、形式的には漢文のシンタクス〔統辞論、構文論、統語論〕をいわゆる和文のシンタクスに順序替えすることにほかならない。確かにそれは意味のあることではあり、われわれ日本語を母国語としている者にとっては理解しやすい。しかしそれが果して真の国訳であるのか少々疑問である。われわれが何よりも白文を重視したい理由は、中国人が母国語を読むときと同じように漢文のシンタクスにしたがって読むことができるからである。中国語と英語とはシンタクスが酷似しているので英語を読む場合でも同様のことがいえる。通常、英語を読む場合でも訓点などむろん付記して読まないし前後往復して読まない方がいわゆる英文の語感を習得できるのであるまいか。

(38) 大乗本生心地観経巻一「序品」第一(大正蔵三、二九五頁上)。

(39) 同、巻四「厭捨品」第三（大正蔵三、三一二頁中）。
(40) 同、巻五「阿蘭若品」第五（大正蔵三、三一七頁中）。
(41) 同、巻八「成仏品」第一二（大正蔵三、三三九頁中）。
(42) 往生論註巻下　解義分「名義摂対章」（七祖註釈版 no. 112 一四七—一四八頁）。
(43) サンスクリットでは āśaya といい、意味は resting place, bed；seat, place；the seat of feelings and thoughts, the mind, heart, soul；thought, meaning, intention；disposition of mind, mode of thinking；the will；pleasure；virtue；vice；fate；fortune；property. (Monier, *SED* 157) という。休息処、寝床。座、場処。住処、隠遁処。心、精神。思想、意向。考え方（梵和大辞典二二五頁）。
(44) 大方広仏華厳経巻一六「須弥頂上偈讃品」第一四（大正蔵一〇、八三頁上）。
(45) 同、巻八「菩薩雲集妙勝殿上説偈品」第一〇（大正蔵九、四四四頁上）。
(46) 往生要集巻中、助念方法、懺悔衆罪 no. 52 一〇二一頁。
(47) 仏蔵経一「念仏品」二（大正蔵七八五頁上—中）。
(48) 往生要集巻中、助念方法、懺悔衆罪 no. 52 一〇二一頁。

索　引

索引として選定した用語について、あまりにも頻度の高い言葉は、一字用語では採用されていない。しかし、一字用語で字義・定義が原文に提示されている場合（例えば「処」「乗」「聴」「時」「場」など）は採用した。

き

く

さ

す

せ

そ

た

ち

て

ま

著者紹介

武田龍精（たけだ　りゅうせい）

1940年 広島生。４歳７ヶ月被爆（広島市内）。龍谷大学名誉教授、文博。日本宗教学会名誉会員、日本ホワイトヘッド・プロセス学会名誉顧問。

【著書】『親鸞浄土教と西田哲学』（1991年 永田文昌堂）、『宗教と科学のあいだ』（2003年 法藏館 日本図書館協会選定図書）、『親鸞と蓮如―真実信心獲得の論理―』（2009年 永田文昌堂）、『真宗百論題の研究』（2012年 永田文昌堂）『親鸞浄土仏教思想論』上・下（2022年 法藏館）『発菩提心論―浄土仏教思想の視座―』（2022年 永田文昌堂）

【編著】『親鸞思想と現代世界』Ⅰ～Ⅴ（龍谷大学仏教文化研究所研究叢書1996年 永田文昌堂）、『宗教者と科学者の対話―媒介する「新しい哲学」を求めて―』（龍谷大学人間・科学・宗教 ORC 研究叢書３　2007年 法藏館）、『曇鸞浄土教思想の研究』（2008年 永田文昌堂）、『往生論註出典の研究』（龍谷大学仏教文化研究所研究叢書 2008年　永田文昌堂）、『核の時代における宗教と平和―科学技術のゆくすえ―』（ORC 研究叢書９　2010年 法藏館）、『科学時代における人間と宗教』（退職記念論集 2010年 法藏館）ほか。

親鸞の念仏三昧論

2023年５月21日　第１刷発行

著　者　武　田　龍　精

発行者　永　田　唯　人

印刷所　亜　細　亜　印　刷　㈱

製本所　㈱　吉　田　三　誠　堂

発行所　創業慶長年間　永　田　文　昌　堂

〒600-8342 京都市下京区花屋町通西洞院西入
電　話（075）371―6651番
FAX（075）351―9031番
振　替　01020―４―936番

ISBN978-4-8162-3166-7 C1015